MW01115726

COMMENT
REAGIR FACE A UNE
PROPHETIE

ERIC IMPION

God Savior
Publishing

Publié par God Savior Publishing, Bedford, Texas 76022, USA, avec le support technique d'Alch Management LLC, Dallas, USA

God Savior Publishing est le service Média et Publication de God Savior Ministries International, Bedford, Texas, USA

Sauf indication contraire, les citations bibliques sont extraites de la version Louis Segond 1910

www.EricImpion.com –
Email : eimpion@gmail.com

Première Édition : Mars 2019

ISBN-13 : 978-2900136041 (God Savior Publishing)
ISBN-10 : 2900136040
EAN : 9782900136041

TABLE DES MATIÈRES

Préambule   i

1. Le Dieu qui parle à son peuple   1

2. Développer la sensibilité spirituelle   15

3. Attitudes de celui qui reçoit le message   25

4. Comment libérer un message divin   41

5. Une prophétie 100% vraie   53

6. Une prophétie 100% fausse   65

7. Une prophétie en partie vraie et en
   partie fausse   77

8. Discerner le vrai du faux   89

Conclusion   105

*Mes remerciements à toute l'équipe de
God Savior Publishing et à ses collaborateurs externes qui
ont contribué à la réalisation et à la publication de ce livre
en Français ainsi qu'à sa traduction en anglais.*

*Mention spéciale à
Pasteur Ertys Bonjaw, Betty Megan, Majik Jilla,
Pasteur Emmanuel Nlemvo, Sarah Kambanzi et
Abigaëlle Ngamboma.*

PREAMBULE

Tout homme vivant sur la terre porte en lui le vœu et le souci de connaître en avance son avenir ainsi que les événements qui y sont attachés afin de se préparer à mieux les affronter ou à éviter les embuches, s'il y a, pour une réussite plus facile.

Cela justifie le grand intérêt porté sur le prophétisme, la prophétie et la voyance depuis la nuit des temps.

Pour y parvenir, nombreux activement ou passivement font recours aux féticheurs, aux marabouts, aux mediums, aux horoscopes et aux autres types de diseurs de bonnes aventures. Ils oublient que Dieu par son Saint-Esprit continue à parler aux hommes avec une puissance inégalable que seul le Maître de l'univers peut posséder.

Cependant, la prophétie et les autres dons spirituels de révélations sont devenus la source de questionnement et même de confusion à cause notamment des pratiques employées, et des abus qui en découlent, et qui dans certains cas sont proches du monde occulte.

Pour éviter de tomber dans le piège des faux prophètes et des fausses prophéties, plusieurs font le choix de les rejeter en bloc mais par la même occasion, passent à côté de la grâce attachée aux vrais dons du Saint-Esprit. Que faire alors dans cette situation ?

Cet ouvrage est une étude biblique et pratique de cette question dans le but d'aider chacun à réduire au maximum le risque de se tromper et d'être trompé par les faux messages prétendument venus de Dieu.

Avec des témoignages, nous partageons des astuces qui permettent de discerner non seulement une prophétie, un prophète mais aussi l'esprit qui parle à travers lui. Cela dans le but de savoir prendre ce qui est vrai et honorable sachant qu'une prophétie peut être 100% vraie, 100% fausse ou en partie vraie et en partie fausse.

Les termes prophétie et prophète dans le cadre de ce livre sont employés de manière globale. La prophétie fait allusion à toute forme de moyens que Dieu peut utiliser pour parler aux hommes ; tandis que le terme prophète doit être compris ici comme toute personne à qui Dieu peut parler dans le but de transmettre un message à une autre personne. Fût-il prophète ou non !

Ce livre s'adresse avant tout aux prophètes et ceux qui exercent un don de révélation afin de les équiper pour un exercice responsable et bénissant pour l'église de Dieu.

Ensuite, il s'adresse aux pasteurs et aux leaders religieux afin de les outiller pour mieux encadrer le troupeau du Seigneur qu'ils ont à leur charge ; et enfin, aux communs de mortel afin de lever leur ignorance pour une marche rassurée dans la vie.

Cet ouvrage qui est écrit avec un langage simple est à lire, à relire, à recommander et à offrir aux autres pour leur salut.

Eric Impion

L'auteur

Eric Impion

CHAPITRE 1
Le Dieu qui parle à son peuple

Le fait que Dieu parle à l'homme n'est pas récent mais un événement qui tient ses origines dès le commencement de toute chose. Adam et Eve, les premiers hommes créés par Dieu, avaient l'habitude de lui parler et de l'entendre parler comme on parlerait à un autre homme.

« L'Eternel Dieu donna cet ordre à l'homme : Tu pourras manger de tous les arbres du jardin... » Genèse 2 : 15-16

« Alors ils entendirent la voix de l'Eternel Dieu, qui parcourait le jardin vers le soir, et l'homme et sa femme se cachèrent loin de la face de l'Eternel Dieu, au milieu des arbres du jardin... » Genèse 3 : 8-9

La voix de Dieu ne leur était pas étrangère jusqu'à ce que le péché vienne, non stopper cette capacité mais la réduire parce que la volonté de parler aux hommes vient de Dieu lui-même.

Il a continué avec le temps à les parler mais avec une intensité différente. Il s'est révélé puissamment à certaines personnes dont Noé, Abraham, Moïse pour accomplir des missions particulières.

Il avait par la suite établi des prophètes au travers desquels Il parlait à son peuple durant toute la période précédant la première venue de Jésus-Christ.

Le Dieu de la prophétie

Dieu parle à son peuple d'abord par amour, car en dépit du cœur de l'homme qui est tortueux, Il reste un père qui porte haut son désir d'intimité avec les êtres créés à son image et à sa ressemblance.

Il a parlé régulièrement dans tous les âges et continuent à le faire aussi dans le but de démontrer à l'humanité qu'Il est le Créateur de toute chose et qu'Il demeure le Maître suprême.

« Voici, les premières choses se sont accomplies, et je vous en annonce de nouvelles ; avant qu'elles arrivent, je vous les prédis. » Ésaïe 42 : 9

« Je vous ai dit ces choses, afin que, lorsque l'heure

sera venue, vous vous souveniez que je vous les ai dites. » Jean 16 : 4

La capacité d'annoncer les événements à venir est l'un des atouts majeurs de l'Eternel Dieu. Il demeure le seul qui peut tout annoncer des mois, des années voire des siècles avant, alors que les choses sont informes et vides dans le seul but que l'on craigne son Nom en voyant leur accomplissement.

Son cœur de père miséricordieux se soucie beaucoup de la réussite de ses enfants. C'est pourquoi Il les prévient de différentes manières pour qu'ils sachent éviter les pièges de l'ennemi devant eux.

« Dieu parle… afin de détourner l'homme du mal et de le préserver de l'orgueil, afin de garantir son âme de la fosse et sa vie des coups du glaive. » Job 33 : 17-18

En dépit de toutes les faussetés qui puissent exister dans ce domaine, il nous faut garder en tête que l'esprit de la prophétie vient de l'Eternel Dieu et la prophétie ainsi que les prophètes restent d'actualité encore aujourd'hui.

Il existe malgré tous des personnes qui sont opposées au mouvement prophétique, aux prophètes et aux prophéties tout en croyant et prêchant le Dieu de la Bible.

Certains ministères et églises, de manière active ou passive, ont fait le choix de gommer le ministère prophétique alors qu'Ephésiens 4 : 11-13 demeure claire :

« Et il a donné les uns comme apôtres, les autres comme prophètes, les autres comme évangélistes, les autres comme pasteurs et docteurs, pour le perfectionnement des saints en vue de l'œuvre du ministère et de l'édification du corps de Christ, jusqu'à ce que nous soyons tous parvenus à l'unité de la foi et de la connaissance du Fils de Dieu, à l'état d'homme fait, à la mesure de la stature parfaite de Christ. »

Ils existent des chrétiens et des serviteurs de Dieu qui acceptent les prophètes comme prédicateurs mais sont contre leur don prophétique.

Ils croient que Dieu parle et même les utilise pour transmettre les ainsi-dit-le-Seigneur mais refusent catégoriquement qu'on fasse allusion à l'exercice avec puissance de la grâce prophétique.

Aujourd'hui Dieu utilise et utilisera demain encore plus des prophètes pour nous donner sa pensée et sa direction. Et le fait que certains faux prophètes abusent de ce que Dieu a placé pour le bien de l'Eglise ne devrait pas nous amener à rejeter totalement la grâce de Dieu attachée aux vrais dons du Saint-Esprit.

Nous devons rester ouverts à l'Esprit de Dieu même si un groupe de gens assoiffés de gloire utilise ses choses pour leur propre intérêt avec des pratiques non bibliques.

Ces derniers mystifient ce qui ne devrait pas l'être, et mettent la révélation au-dessus de tout et leur office au-dessus de tous les autres ministères.

Ils rendent tout prophétique et l'un des rares ministères que l'on trouve souvent autour d'eux n'est que celui de prophète.

C'est un danger d'être dans les deux extrémités. Nous devons avoir le courage de défendre la Parole de Dieu en exerçant avec puissance et équilibre les dons du Saint-Esprit.

C'est seulement de cette manière que nous serons ainsi des bons modèles capables d'enseigner aux autres. Sans cela, les vérités bibliques continueront à être falsifiées.

Le Dieu des détails

Ceux qui contestent et manifestent leur réticence face au mouvement prophétique relèvent notamment le fait que les prophètes donnent parfois trop de détails lors de la transmission des messages divins. De plus en plus, l'on voit des prophètes donner les éléments personnels lorsqu'ils prophétisent.

Le nom de certains membres de famille, la date de naissance, le numéro de téléphone, les événements précédant le moment présent sont parmi les choses qui sont régulièrement révélés pour certifier que leur message vient réellement de Dieu.

Des questions se lèvent pour savoir si Dieu peut aller aussi loin dans la divulgation des détails personnels. Quel serait alors son intérêt ? En quoi une telle démarche serait-il bénéfique pour le destinataire du message ? Quel impact un détail peut avoir dans la transmission de la révélation divine ?

En scrutant la Bible, on remarque que plusieurs fois Dieu a parlé à travers les prophètes en donnant des détails. Nombreux sont ces prophètes qui ont révélé, avant leur naissance, la mission que certaines personnes devaient jouer tout en donnant les noms que ces derniers devaient avoir.

Les anges de Dieu ont révélé à Abraham qu'à la même période, l'année suivante sa femme aura un bébé. Abraham savait de lors la période de temps durant laquelle sa visitation devait avoir lieu.

La mère de Samson, grâce à la révélation d'un ange, savait avant la naissance de son fils que le rasoir ne devait jamais passer sur sa tête à cause de la mission de libérateur que Dieu lui avait assignée.

Esaïe donna à Ezéchias le nombre exact d'années que Dieu lui avait ajouté en disant : « ...*Ainsi parle l'Eternel, le Dieu de David, ton père : J'ai entendu ta prière, J'ai vu tes larmes. Voici, j'ajouterai à tes jours quinze années.* » *Ésaïe 38 : 5*

C'est donc possible qu'un prophète de notre époque donne à une personne un temps bien défini en termes de jours, de mois, d'années et voire de date exacte pour la réalisation d'une promesse de Dieu.

En plus, un prophète poussé par l'Esprit de Dieu peut révéler à une personne d'autres détails liés à son entourage afin de créer une connexion avec le message qu'il donne dans le but de susciter la foi dans son cœur.

Dans le récit de la naissance du Messie, la Bible relate que Marie avait reçu de l'ange Gabriel des certitudes détaillées sur l'enfant qu'elle portait dont le nom qu'elle devait lui donner : Jésus.

Et pour confirmation, l'ange lui déclara que sa parente Elisabeth était non seulement enceinte mais lui dit aussi que sa grossesse avait déjà 6 mois. Choquée par ces révélations, Marie courut auprès de sa cousine pour en avoir la preuve.

La Bible déclare dans Luc 1 : 39-41 :

« Dans ce même temps, Marie se leva, et s'en alla en hâte… Elle entra dans la maison de Zacharie, et salua Elisabeth. Dès qu'Elisabeth entendit la salutation de Marie, son enfant tressaillit dans son sein, et elle fut remplie du Saint-Esprit. »

Jésus a dit à Nathanaël : *« Avant que Philippe t'appelât, quand tu étais sous le figuier, je t'ai vu. » Jean 1 : 48.* Et Elisée avait déclaré à Guéhazi dans 2 Rois 5 : 26 que son esprit était avec lui lorsqu'il négociait ses biens frauduleusement.

Les deux personnages identifièrent l'un le lieu et l'autre le moment d'un événement et le déclarèrent sans gêne. Dieu, à travers le prophète, peut révéler à une personne des détails qui sembleraient anodins au commun de mortels mais qui peuvent avoir tout leur sens pour Dieu et pour le destinataire du message.

Un couple avait reçu d'un prophète, le message selon lequel 3 était le nombre d'enfants que le Seigneur leur avait donnés. Ce détail sur le nombre d'enfants qui semblerait fantaisiste et même hasardeux fut d'une importance capitale pour ce couple dans le futur.

En effet, après la naissance de leur troisième enfant, la femme a connu un problème de santé qui a conduit à une stérilité définitive. Ce détail fit la différence parce qu'il permit au couple de ne plus chercher un autre enfant et de vivre en paix.

Il est par conséquent difficile pour une personne qui n'a pas connu le Dieu de la prophétie et expérimenté la vie de révélation avec le Saint-Esprit de bien juger de la profondeur des choses de l'Esprit.

Il est vital de chercher avant tout à apprendre de Dieu et de ses serviteurs avant de se lancer dans des critiques sans base biblique réelle, au risque de blasphémer contre le Saint-Esprit.

Tous les détails que Dieu donne ne sont pas à révéler. Certains permettront au messager d'être plus averti dans l'identification de la personne et d'autres en revanche l'aideront à savoir comment gérer le problème pour une solution plus rapide.

Il est strictement inapproprié pour une personne, prophète soit-il de chercher à révéler des détails si Dieu ne lui indique pas. En cherchant à embellir le message par des ajouts inutiles pour chercher l'honneur, le messager court le risque de tomber dans ~~les~~ l'erreur.

Le prophète est supposé révéler ces choses à la limite de ce que son interlocuteur est capable de comprendre, de supporter et peut les révéler ainsi au fur et à mesure. Un détail de trop révéler peut semer non seulement le doute, mais peut ralentir voire stopper l'élan de la personne à se confier en Dieu.

Dieu peut vous dire que la maladie d'un frère est d'origine démoniaque. Si cette personne ne comprend pas ce langage, vous vous réserverez de lui donner les détails. Mais lors de la prière vous chasserez simplement les démons et la guérison qui en résultera pourra mieux l'enseigner.

Tous sont-ils prophètes ?

Nous assistons à la prolifération des prophètes dans notre génération et les réseaux sociaux nous permettent de découvrir certains d'entre-eux jour après jour. Cette situation nous pousse à nous demander s'ils sont réellement tous prophètes.

Beaucoup de ceux qui se présentent à nous comme prophètes ne le sont pas en réalité, et cela pour plusieurs raisons. Il peut arriver que l'on manifeste une grâce qu'on n'a pas en réalité à cause de l'influence du milieu dans lequel on est ou du modèle qu'on a.

Ce fut le cas de Saül dans un premier temps et ensuite ses envoyés qui pendant un moment ont prophétisé à cause de l'atmosphère prophétique qui était autour d'eux sans être eux-mêmes des prophètes.

« Tous ceux qui l'avaient connu auparavant virent qu'il prophétisait avec les prophètes, et l'on se disait l'un à l'autre dans le peuple : qu'est-il arrivé au fils de Kis ? Saül est-il aussi parmi les prophètes ?» 1 Samuel 10 : 11

« Saül envoya des gens pour prendre David. Ils virent une assemblée de prophètes qui prophétisaient, ayant Samuel à leur tête. **L'esprit de Dieu saisit les**

envoyés de Saül, et ils se mirent aussi à prophétiser eux-mêmes. » *1 Samuel 19 : 20*

Certains malheureusement se donnent au monde comme prophètes à l'issu de cette manifestation temporaire alors que ce qu'ils manifestent viendrait principalement de la couverture spirituelle dont ils bénéficient.

Puisque cette grâce n'est pas vraiment la leur, ils tombent bien souvent dans le copier-coller du ministère de leur mentor ou de la grâce qu'ils envient. Ils se retrouveront en train de tout reproduire allant du message, la manière de faire le service de prière, la manière de prophétiser et le type de chant d'adoration qui doit être joué avant de prêcher.

Les plus zélés peuvent aller jusqu'à imiter l'habillement, la manière de parler ainsi que les gestuels. Cette similarité flagrante peut révéler l'existence d'une anomalie dans la vie de plusieurs personnes.

Si certains, comme ce fut le cas de Saül, ne sont que parmi les prophètes sans l'être vraiment, il existe néanmoins des personnes qui ont des appels authentiques autres que celui de prophète mais dont ils ignorent la substance.

L'appel de Dieu est une chose qu'on peut sentir très tôt dans sa vie mais peut nécessiter du temps pour se développer et se confirmer. C'est pourquoi il faut être patient dans l'apprentissage avec Dieu et auprès de ses serviteurs.

Le Seigneur peut permettre qu'une grâce spéciale se manifeste temporairement pour répondre à un besoin et combler un vide dans son église. Sans ce besoin, cette manifestation n'aurait peut-être pas eu lieu.

Un enseignant peut manifester une forte onction prophétique sans être prophète. Un évangéliste peut manifester une onction pastorale en plus de son appel, et ainsi de suite. Se fier seulement à la grâce qui se manifeste au départ pour statuer sur son ministère est une grosse erreur.

A ses débuts, Pierre avait reçu avec ses frères un appel de gagneurs d'âmes ou d'évangéliste lorsque Jésus leur disait : « ...*Suivez-moi, et je vous ferai pêcheurs d'hommes.* » *Matthieu 4 : 19*

Mais après qu'il ait développé son appel en apprenant de son maître et pratiquant sur terrain, Jésus-Christ lui donne avant son ascension la révélation claire du rôle qu'il devait jouer après Lui.

« Il lui dit pour la troisième fois : Simon, fils de Jonas… : Pais mes brebis. » Jean 21 : 17

Pierre avait reçu avec instance et fermeté du Jésus ressuscité l'ordre d'être un pasteur pour ses brebis, le Pasteur de l'église de Jérusalem. Le temps et la persévérance ont permis de révéler aux yeux du monde son appel principal.

L'honnêteté, l'humilité et la patience seront nécessaires si l'on veut vraiment découvrir les chemins tracés par Dieu pour nous. Sans ce temps de développement, le manque d'originalité et de constance seront visibles et nos prétentions demeureront différentes de notre réalité.

CHAPITRE 2
Développer la sensibilité spirituelle

Le désir de Dieu a toujours été de maintenir une relation avec l'homme de manière personnelle et sans intermédiaire afin qu'il ait à lui parler sans protocole.

Dans l'Ancien Testament, la manifestation de l'Esprit de Dieu n'était pas permanente et n'était ouverte qu'à une classe des privilégiés. Mais dans la Nouvelle Alliance que Jésus-Christ a inaugurée, l'accès au Père est direct.

Le voile étant déchiré et le Saint-Esprit donné à l'église, tout chrétien a la possibilité de développer une intimité permanente et personnelle avec son Créateur parce qu'il est le temple du Saint Esprit, la demeure de Dieu.

« Ne savez-vous pas que vous êtes le temple de Dieu, et que l'Esprit de Dieu habite en vous ? » 1 Corinthiens 3 : 16

La sensibilité spirituelle est l'habilité à sentir, à pressentir et à voir les choses inconnues et cachées à l'homme. Elle est nécessaire à tout chrétien parce qu'il lui permet d'agir en harmonie avec les plans de Dieu et sa volonté parfaite.

Elle permet à l'homme avec une connaissance limitée, de voir le monde spirituel qui a une réalité éternelle. Cette évidence des réalités spirituelles lui donne à agir en prévenant les événements négatifs prévus par le monde de ténèbres.

Tout chrétien qui veut marcher avec puissance doit avoir une forte sensibilité à l'égard du ciel. Et cela n'est pas liée au don de prophétie et encore moins au ministère de prophète.

Aucun vaillant héro de la Bible, n'a été capable de faire des exploits avec Dieu sans pour autant voir au préalable ce que le ciel prévoyait de faire.

Celui qui développe une forte sensibilité aura toujours l'avance sur les événements et sur sa génération parce qu'il a des certitudes sur l'issue des situations incertaines.

« Noé, divinement averti des choses qu'on ne voyait

pas encore, ...construisit une arche pour sauver sa famille... » Hébreux 11 : 7

« ... un ange du Seigneur apparut en songe à Joseph, et dit : Lève-toi, prends le petit enfant et sa mère, fuis-en Egypte, et restes-y jusqu'à ce que je te parle; car Hérode cherchera le petit enfant pour le faire périr. Joseph se leva, prit de nuit le petit enfant et sa mère, et se retira en Egypte. » Matthieu 2 : 13-14

Imaginons un instant ce qui serait arrivé à l'humanité si Noé n'avait pas construit l'arche qui devait épargner sa famille du déluge par manque de discernement de l'avertissement de Dieu.

Et pensons un moment à ce qui se serait produit si Joseph n'avait pas compris l'instruction de Dieu lui demandant de fuir en Egypte avec sa famille afin de les préserver des plans macabres d'Hérode.

L'échec de beaucoup de gens dans la vie n'est pas causé par le manque de performance et de compétence mais par l'incapacité de voir comme Dieu. Ils posent des actes et prennent des décisions en toute ignorance de la réalité vraie.

La capacité de connaître la réalité spirituelle est importante afin de maintenir la sérénité et une attitude positive face aux défis de la vie et pendant les moments difficiles. C'est ce qu'Elisée avait expliqué à Guéhazi 2 Rois 6 : 16-17 :

« Ne crains point, car ceux qui sont avec nous sont en plus grand nombre que ceux qui sont avec eux. Elisée pria, et dit : Eternel, ouvre ses yeux, pour qu'il voie. Et l'Eternel ouvrit les yeux du serviteur, qui vit la montagne pleine de chevaux et de chars de feu autour d'Elisée. »

Pour parvenir à cette dimension, certaines choses doivent être faites.

Désirez et aspirez aux dons

« ...Aspirez aussi aux dons spirituels, mais surtout à celui de prophétie. » 1 Corinthiens 14 : 1

L'expérience des dons spirituels que seul le Saint-Esprit donne commence par le désir et la soif. La Bible contient un grand nombre de promesses de gloire, des miracles et prodiges que seuls les assoiffés et les violents peuvent saisir et expérimenter.

Même si les dons que nous recevrons, demeureront le fruit de la souveraineté de Dieu, il reste clair que la grandeur de la soif que nous avons dans le cœur, déterminera le degré de gloire que Dieu mettra à notre disposition.

Tout n'est pas toujours de la magie, tout n'est pas toujours d'origine diabolique. Nous critiquons quelquefois certaines personnes qui marchent avec Dieu dans une certaine dimension de puissance simplement parce que nous sommes nous-mêmes étrangers à la vie surnaturelle de Dieu.

Nous devons avoir la foi non dans les hommes mais dans la Parole de Dieu qui relate du début à la fin comment des hommes normaux ont été transformés par le contact avec le Saint-Esprit.

Le désir ardent de voir Dieu et de marcher dans la puissance doit nous conduire à le chercher dans la prière comme on va à la recherche de l'or. La soif de Dieu doit nous conduire à Lui dire : « Seigneur, utilises-moi aussi ».

S'abandonnez à Dieu

« Marie dit à l'ange : Comment cela se fera-t-il, puisque je ne connais point d'homme? ...Marie dit : Je suis la servante du Seigneur ; qu'il me soit fait selon ta parole ! Et l'ange la quitta. » Luc 1 : 34, 38

Il nous arrive de manifester à Dieu notre désir d'être un instrument entre ses mains mais lorsque la visitation divine commence, nous sommes les premiers à nous dire ceci ne peut pas être Dieu.

Nous agissons comme Pierre qui avait dit à Dieu qu'il ne peut pas manger des choses impures, non pas que les choses de l'Esprit sont impures mais qu'elles paraissaient étrangères à ses habitudes (Actes 10 : 13-15).

Je me rappelle la première fois que j'ai entendu Dieu me parler audiblement. J'étais non seulement surpris mais également sceptique du fait qu'une telle chose vienne de Dieu. J'ai tourné autour de moi pour voir s'il n'y avait pas un homme afin de justifier l'expérience que je venais de vivre.

Je me souviens aussi des premiers moments où j'ai commencé à entendre Dieu me parler par la voix intérieure. Au départ, je me disais que ce n'était que mes pensées et que rien de tout cela ne pouvait être vrai.

Avec le temps qui s'écoulait, l'accomplissement des choses que la voix me disait ainsi que l'augmentation de cette conviction spirituelle me rassuraient que ce fût réellement Dieu qui m'avait parlé.

Plus tard encore, j'ai commencé à avoir des visions avant le lever du soleil. Pendant une poussière de seconde, je pouvais voir selon la fréquence de Dieu, des choses qui nécessitaient plusieurs minutes pour les expliquer.

Ces visions qui se manifestaient comme un flash d'un appareil photo laissait en moi une empreinte qui me donnait la connaissance des événements à venir alors que rien ne les présageait.

Je me rappelle aussi lorsque la manifestation des visions de jour a commencé. En pleine journée, parfois avec les yeux ouverts et même ayant les gens autour de moi, je pouvais voir avec évidence des choses dont j'ignorais l'existence.

Nous devons éviter la peur mais faire confiance en Dieu même si au début nous aurons du mal à comprendre la forme avec laquelle se présentera la réponse à nos prières.

Il nous faut laisser Dieu se saisir de nous et nous utiliser dans ce domaine comme Il veut. Par la prière, nous devons nous abandonner à Lui afin qu'il transforme notre être, augmente notre foi et nous conduise dans ses voies.

Exercer déjà le peu disponible

Il n'y a jamais trois sans deux et jamais deux sans un. Cela veut dire que les grandes grâces commencent toujours petites et se manifestent progressivement. Il n'y a donc personne qui a commencé à manifester une forte sensibilité d'un coup.

« ...L'Eternel appela de nouveau Samuel. Et Samuel se leva, alla vers Eli... Eli répondit : Je n'ai point appelé... Samuel ne connaissait pas encore l'Eternel, et la parole de l'Eternel ne lui avait pas encore été révélée. L'Eternel appela de nouveau Samuel, pour la troisième fois. » 1 Samuel 3 : 4-8

Tous et sans exception manifestons les œuvres de l'Esprit de manière progressive et Samuel est passé aussi par là. Celui qui devint un grand prophète en Israël a eu besoin de temps pour savoir bien discerner la voix de Dieu.

Pierre à qui les clés de l'église avaient été données pour sa conduite, a été un homme hésitant dans le passé avant de devenir cet homme de Dieu puissant et autoritaire dans le futur.

« Car ceux qui méprisaient le jour des faibles commencements se réjouiront en voyant le niveau dans

la main de Zorobabel. » *Zacharie 4 : 10*

Beaucoup n'arriveront jamais à des puissantes grâces parce qu'ils ont honte d'utiliser ce que Dieu leur a donné parce qu'ils les considèrent moindre en comparaison avec celles que les autres manifestent.

Joseph qui a parlé de ses visions hier avec immaturité a été capable dans le futur d'expliquer les rêves du panetier et du chef des échansons dans la prison avec maîtrise (Genèse 40 : 5-13).

Plus tard face à Pharaon et ses magiciens, il fit preuve de génie dans l'interprétation des rêves. Il a su révéler avec sagesse et méthode ce que Dieu lui montrait tout en restant humble. Le Joseph devant Pharaon était la copie améliorée du songeur d'hier.

Nous devons savoir que les dons spirituels nous sont donnés par le Saint-Esprit en tenant compte de notre capacité à les gérer. Cela étant, notre capacité à recevoir des dons plus excellents demain dépend entièrement de la bonne gestion de ce que Dieu nous dispose aujourd'hui.

C'est pourquoi exerçons avec joie et responsabilité le peu de grâce que Dieu a mis à notre disposition car si nous sommes fidèles dans les petites choses, Il nous confiera des plus grandes.

« Or, à chacun la manifestation de l'Esprit est donnée pour l'utilité commune. » 1 Corinthiens 12 : 7

Le don que Dieu nous donne n'est pas pour notre seul bénéfice mais pour le bien être communautaire. Cela veut dire que nous sommes censés servir les autres avec notre don et cela de la manière la plus large possible.

Ainsi, l'augmentation de la grâce de Dieu dépend aussi de la grandeur du bien que cette grâce fait autour de nous car elle répondra toujours à un besoin existent. Plus elle bénit les gens, plus Dieu l'amplifie afin que plus de monde en bénéficie.

CHAPITRE 3
Attitudes de celui qui reçoit le message

Le message que Dieu donne est comme de l'eau qui, pour arriver à son destinataire final, doit passer par des tuyaux de canalisation. La qualité de cette eau à son arrivée dépend non seulement de son traitement au départ mais aussi de la propreté des canaux de transmission.

« L'Eternel dit à Moïse : ...Toi, tu diras tout ce que je t'ordonnerai ; ...pour qu'il laisse aller les enfants d'Israël hors de son pays. » Exode 7 : 2

Le but que le message de Dieu veut atteindre, est lié grandement à la qualité de vie de celui qui le reçoit et le transmet. L'instrument de Dieu doit par conséquent comprendre les éléments qui lui permettront de se garder au maximum neutre afin que ce qu'il a reçu, arrive à destination avec la plus d'originalité possible.

Le cœur d'un intercesseur

La raison principale pour laquelle Dieu révèle à une personne quelque chose ayant trait à son prochain, c'est avant tout pour qu'elle exerce l'autorité dans la prière comme Abraham le fit pour son neveu Loth (Genèse 18 : 22 --19 : 29).

Puisque la prière du juste a une grande efficacité, Dieu s'attend à ce que celui à qui Il révèle ses desseins, intercède afin que ses plans d'amour et de grâce s'accomplissent sur la terre des hommes.

Dans ce cas, l'intercession devient prophétique parce qu'elle est ciblée et précise. Elle est faite en réponse à la révélation du Saint-Esprit.

« Je cherche parmi eux un homme qui élève un mur, qui se tienne à la brèche devant moi en faveur du pays, afin que je ne le détruise pas ; mais je n'en trouve point. » Ezéchiel 22 : 30

Les plans de Dieu ne s'accomplissent pas « tout seul ». Le ciel n'entre en mouvement que lorsque sur la terre, un intercesseur se sacrifie pour bouger et changer les choses par sa prière.

« Et c'est ici la confiance que nous avons en Dieu,

que si nous demandons quelque chose selon sa volonté, il nous exauce. » 1 Jean 5 : 14

La prière est plus efficace lorsqu'elle est faite selon la pensée révélée du Seigneur. Elle doit être faite pour que la volonté de Dieu s'accomplisse pleinement sur la terre comme au ciel.

Mathieu 13 : 1-9 montre que la même semence peut produire des résultats différents en fonction de la terre dans laquelle elle est plantée. Nous devons par conséquent remettre entre les mains du Seigneur, le cœur du destinataire avant de lui transmettre le message divin afin qu'il soit ouvert à la voix de Dieu.

Dans certains cas, nous n'aurons pas de problème à libérer le message parce que Dieu lui-même aura déjà préparé le terrain avant nous. Ce fut le cas de Paul qui avait été prévenu par Dieu de la venue de son serviteur Ananias.

« Le Seigneur lui dit dans une vision : Ananias ! Lève-toi... et cherche... un nommé Saul de Tarse. Car il prie, et il a vu en vision un homme du nom d'Ananias, qui entrait, et qui lui imposait les mains, afin qu'il recouvrât la vue. » Actes 9 : 9-11

Mais dans d'autres cas, nous devons demander la grâce de Dieu afin que les résultats escomptés par Dieu soient atteints à cause de la complexité de la situation.

Il peut arriver que l'on s'oppose aux forces de l'enfer qui peuvent voler le message, créer l'incompréhension et l'incrédulité. Nous ferons des prières fortes pour renverser les forteresses spirituelles qui empêcheraient la naissance de la foi du salut dans les cœurs des gens.

Notre prière se tournera aussi vers l'entourage de la personne à qui le message est destiné pour qu'il l'influence favorablement à l'obéissance à la voix de Dieu parce que la révélation seule ne suffit pas pour changer les gens et les situations.

Sans cette démarche, la reine Esther allait certainement échouer dans sa tentative de fléchir le cœur du roi en faveur de son peuple. Les trois jours de prière associée au jeûne ont permis de changer le complot en plan de gloire (Esther 4 : 16).

Pharaon avait reçu de Moïse la parole de l'Eternel mais resta incrédule. Tous les fléaux qui frappèrent son peuple ne le changèrent pas mais en revanche l'enfoncèrent de plus en plus dans l'endurcissement.

« Moïse et Aaron allèrent vers Pharaon, et lui dirent : Ainsi parle l'Eternel, le Dieu des Hébreux : Jusqu'à quand refuseras-tu de t'humilier devant moi ? Laisse aller mon peuple, afin qu'il me serve. » Exode 10 : 3

Les personnes que Dieu appelle aux dons de révélations doivent savoir qu'à cet appel est attaché le devoir d'intercession. Dieu ne nous parlera pas juste à titre informatif dans le but que nous fassions la propagande. Il le fera parce qu'il cherche un partenaire sur la terre afin que l'accomplissement de sa volonté soit réclamé.

Le cœur d'intercesseur créera la compassion en nous pour les personnes pour qui nous avons prophétisé ou voulons prophétiser. Cette compassion nous permettra de voir les gens selon la vision de Dieu ainsi nous serons capables de leur parler humblement et avec amour.

Maintenir la simplicité

« Voici …Soyez donc simples comme les colombes. » Matthieu 10 : 16

L'ordre d'être et de demeurer simple dans la

vie de tous les jours, ainsi que dans l'exercice des dons spirituels et du ministère fut donné par le Seigneur Jésus à ses disciples et à l'Eglise d'aujourd'hui.

La simplicité est l'action de vivre, de se comporter et d'agir de manière naturelle, sans prétention et en évitant toute forme d'exagération. Elle conduit le messager de Dieu à l'essentiel c'est-à-dire à révéler le message de Dieu sans ajout, ni fantaisies inutiles.

La force de la conviction ne réside pas dans les acrobaties gestuelles ou vocales mais dans la puissance du Saint-Esprit (Jean 16 : 8). Le fait qu'un message soit simple ne réduit en rien sa force et sa puissance.

La simplicité est très utile dans la mesure où elle permet à ce que le message de Dieu soit reçu avec le plus d'authenticité possible en termes de pensée et de vocabulaire par rapport à la manière dont il a été reçu de l'Eternel Yaweh.

Les erreurs arrivent notamment parce que certains cherchent à embellir ce qu'ils ont reçu ou ils ont prétendu recevoir. La nature orgueilleuse de l'homme peut le pousser à vouloir intimider le public pour que son l'audience croie plus facilement à la prophétie et que le prophète soit accepté comme un grand messager de Dieu.

La simplicité peut nous pousser lors d'une réunion qui est conduit par une autre personne, à transmettre le message reçu au leader de l'église par écrit ou de manière vocale mais discrètement.

Ce dernier verra dans quelle mesure il pourra le faire lui-même sans déranger le service en cours. Sinon, il donnera à la personne qui a reçu le message le temps de le transmettre si cela ne peut pas attendre.

Que la transmission du message se fasse de manière directe ou indirecte ne dilue pas la valeur du message. L'essentiel serait de garder le message authentique de manière à ce que le but de Dieu soit atteint.

« Les esprits des prophètes sont soumis aux prophètes ; car Dieu n'est pas un Dieu de désordre, mais de paix. » 1 Corinthiens 14 : 32-33

Le message de Dieu ne donne pas à celui qui l'a reçu le droit de perturber l'ordre établi, de manquer du respect aux gens ou de bafouer l'autorité. La maîtrise de soi, la tempérance, l'humilité et la patience devront être les traits de caractère utiles à tout prophète ou messager de Dieu. Nous devons les développer au fur et à mesure que nous grandissons.

La simplicité nous permettra de dire les choses telles que nous les avons reçues de Dieu. Si c'est une voix que l'on a entendue, si une image qu'on a vue ou une sensation qu'on a ressentie, on dit ce qui s'est passé et si possible, on donne l'interprétation. Et on s'arrête là.

La primauté de la sagesse

La sagesse dans la vie est importante de manière générale mais bien plus lorsqu'il s'agit de transmettre un message venant de Dieu. Elle est même primordiale si le message est négatif ou comporte des sensibilités (sorcellerie, toute forme de péché et des détails touchant la vie privée et/ou l'intimité).

Le messager de Dieu a la lourde responsabilité de dire les choses telles qu'il les a reçues tout en préservant la paix et le bien-être de la personne à qui le message est adressé. La sagesse de savoir quoi dire, comment le dire, à qui et quand le dire est essentiel dans le prophétisme.

« Elle ouvre la bouche avec sagesse, et des instructions aimables sont sur sa langue. » Proverbes 31 :26

J'ai assisté un jour à un service de prière pendant lequel un frère, excédé par la nature des prophéties qui était dite sur lui et sa famille, avait décidé de ravir le micro au prophète qui était sur l'estrade.

Il perturba le service par ses cris de dénonciation. Il accusa le prophète à tue-tête d'avoir inspecté sur sa vie avant le culte afin de l'humilier publiquement. Ce fut un scandale parce que nous étions en plein service de prière.

Le manque de sagesse de celui qui prophétisait fut la base de ce qui a failli finir en affrontement sur l'autel de Dieu. Ce dernier avait donné beaucoup de détails personnels sur la vie de l'autre dont certains prêtaient à confusion, à l'humiliation et à la peur.

« Les paroles de la bouche du sage sont pleines de grâce ; mais les lèvres de l'insensé causent sa perte. » Ecclésiaste 10 : 12

Ce manque de sagesse dans l'exposition de la vie de l'autre en public mettant en avant ses manques et ses incapacités tout en lui disant que Dieu allait agir, avait mis ce père de famille hors de lui-même, bien qu'il fût chrétien. Fallait-il en arriver là ? Je ne pense pas.

Imaginons ce qui arriverait si un homme apprenait devant les gens que l'un de ce qu'il pense être son enfant ne l'est pas parce qu'un prophète a manqué de sagesse. Pouvons-nous prévoir la réaction d'une personne qui apprendrait en public sous la révélation que sa mère est une sorcière ou la source de ses problèmes ?

Il ne serait pas judicieux de dire par exemple devant l'assemblée à une femme que son époux a une maîtresse et qu'il est sur le point de la répudier. Il est possible de donner une partie du message en public et le reste sensible à l'intéressé en privé.

La sagesse doit prévaloir. Si on ne sait pas faire les choses avec sagesse, mieux vaut se taire et prier, au risque de détruire au lieu de bénir, d'orienter et d'exhorter car c'est ce que la prophétie biblique est censée faire.

J'ai rencontré un jour une jeune dame qui a vu ses fiançailles s'arrêter à cause de la révélation d'un prophète sur les problèmes spirituels qu'il y aurait dans sa famille. Ces paroles ont fait peur à son fiancé et ont fini par le faire fuir. En quoi ces révélations étaient-ils utiles si elles ont détruit la vie d'une personne ?

Les révélations ne bénissent pas toujours, elles peuvent devenir un couteau tranchant qui peut ôter la vie.

Le prophète aurait dû sans doute prier pour eux en général et parler avec cette sœur en privé. Et avec le temps, selon que le Seigneur le permettra, cette sœur informera son fiancé des difficultés qu'elle rencontre dans sa famille.

En plus, le prophète doit s'efforcer de connaître la culture prophétique du peuple auprès de qui Dieu l'envoie mais aussi de la période dans laquelle il exerce son ministère. Chaque peuple a sa mentalité et ses habitudes qui déterminent la base avec laquelle il réagira face à une situation, le prophétisme compris.

Dans certains coins ou certaine période, à cause de la présence publique des magiciens, des féticheurs qui participent activement à la vie de leur société en répondant aux besoins de la population qui les consultent,

Le prophète pourra voire devra exercer son ministère avec puissance afin de défier ces agents de Satan pour que le peuple qui leur était assujetti puisse se détourner du mal et de leur apostasie.

Paul, par l'exercice avec puissance des dons de Dieu, avait brisé l'opposition d'Elymas, le magicien qui chercher à détourner de la foi le proconsul.

« Alors Saul, appelé aussi Paul, rempli du Saint-Esprit, fixa les regards sur lui, et dit : ...Maintenant voici, la main du Seigneur est sur toi, tu seras aveugle, et pour un temps tu ne verras pas le soleil. Aussitôt l'obscurité et les ténèbres tombèrent sur lui, et il cherchait, en tâtonnant, des personnes pour le guider. Alors le proconsul, voyant ce qui était arrivé, crut, étant frappé de la doctrine du Seigneur. » Actes 13 : 9-12

Comme Paul, le prophète Elie en son temps avait défié Jézabel ainsi que ses prophètes avec des signes inouïs. Le feu est descendu du ciel plusieurs fois tuant des gens ou consumant l'autel, la pluie arrêtée pendant trente-six mois, et bien d'autres.

Cette réalité que l'on trouve dans la Bible justifie le fait qu'à notre époque certains prophètes exercent un prophétisme de défi. Ils peuvent être critiqués certes mais le milieu dans lequel ils évoluent leur contraint afin de se maintenir face à l'hostilité.

Quoiqu'il en soit, tout le monde n'est pas appelé à exercer un tel type de ministère prophétique. Copier aveuglement la manière de faire d'une personne sans tenir compte de la culture de son milieu peut créer des problèmes.

Eviter de tout comprendre

Dieu peut nous utiliser pour transmettre son message à ses enfants sans forcément nous en expliquer la substance réelle. Notre travail devra se résumer à libérer le message à qui de droit tout en se réservant d'inventer l'interprétation.

« Les prophètes, qui ont prophétisé... ont fait de ce salut l'objet de leurs recherches et de leurs investigations, voulant sonder l'époque et les circonstances marquées par l'Esprit de Christ qui était en eux, et qui attestait d'avance les souffrances de Christ et la gloire dont elles seraient suivies. Il leur fut révélé que ce n'était pas pour eux-mêmes... » 1 Pierre 1 : 10-12

Dieu par moment nous refusera l'interprétation du message parce qu'Il veut garder secret le contenu aux non-impliqués dans l'affaire et réserver l'explication au concerné seul le moment venu.

Ceux qui ont prophétisé dans l'Ancien Testament la venue du Messie pour sauver l'humanité, ignoraient comment les choses allaient réellement se passer. Certains avaient une idée sur le lieu, d'autres sur la souffrance qu'il devait endurer mais personne ne possédait la totale vérité.

A ce niveau, le messager doit comprendre qu'il n'est qu'un instrument de transmission du message divin, rien de plus. Il ne doit pas chercher à se substituer en un vice-dieu, ajoutant des choses que l'auteur du message n'a pas données.

Même les grands prophètes de la Bible comme Daniel et Jean ont prophétisé certaines choses pour lesquelles ils ont ignoré l'interprétation jusqu'à leur mort. L'Eternel les avait scellées pour un temps futur qui ne leur était pas destiné.

« Et j'entendis l'homme vêtu de lin... J'entendis, **mais je ne compris pas** ; *et je dis : Mon Seigneur,* **quelle sera l'issue de ces choses ?** *Il répondit : Va, Daniel,* **car ces paroles seront**

tenues secrètes et scellées jusqu'au temps de la fin. » Daniel 12 : 7-9

Dans certains cas, le message donné par le prophète vient comme en confirmation à ce que la personne avait déjà reçu dans le passé. Elle peut également être la réponse à une prière faite ou à un signe demandé à Dieu dans un passé récent.

Il peut arriver que celui qui fût l'instrument de Dieu pour la transmission du message ignore tout ou ne comprenne presque pas grand-chose de son message mais le destinataire comprenne tout et loue Dieu pour cela.

Le destinataire du message peut, s'il le désire, expliquer au messager la substance du message. Il remerciera à la fin le messager selon le vœu de son cœur et selon que le Seigneur le lui indiquera.

Un jour dans une vision, j'ai vu un homme de Dieu être fusillé par des hommes armés. Alors que je m'inquiétais pour sa vie, je l'ai revu souriant là où il se trouvait. Et j'ai entendu ses paroles : « Seigneur, relève ton serviteur ».

Je me suis donné à prier pour sa restauration et je me demandais s'il fallait que je lui raconte cette vision. Et plusieurs semaines après, je lui ai transmis le message simplement comme je l'avais vu.

Il fut étonné et me dit de son propre gré : *« Tu ne sais pas ce que tu viens de faire »*. Il m'envoya alors un audio où j'entendais un pasteur prophétiser sur lui, dans des termes presque similaires de ce que je venais de lui annoncer.

Ce fut une grande joie pour moi et un moment de réconfort pour lui parce que le Seigneur venait de confirmer ce qu'une autre personne lui avait annoncé. Je me suis contenté de libérer le message reçu sans chercher à en savoir plus sur lui.

CHAPITRE 4
Comment libérer un message divin

Le message peut provenir de Dieu mais s'il est mal libéré, il est possible qu'il soit mal compris ou mal appréhendé. Et tout cela peut avoir des conséquences négatives dans le processus de l'accomplissement de ce message.

La manière de transmettre le message doit tenir compte de trois paramètres importants ayant trait avec son interlocuteur dont sa maturité humaine, sa maturité spirituelle et enfin notre degré de relation avec ce dernier.

La maturité humaine de la personne

« *Lorsque j'étais enfant, je parlais comme un enfant, je pensais comme un enfant, je raisonnais comme un enfant ; lorsque je suis devenu homme, j'ai fait disparaître ce qui était de l'enfant.* » *1 Corinthiens 13 : 11*

« *...Mais la nourriture solide est pour les hommes*

faits, pour ceux dont le jugement est exercé par l'usage à discerner ce qui est bien et ce qui est mal. »
Hébreux 5 : 14

Selon ces deux passages, il y a un niveau de maturité lié à tout homme, un niveau de compréhension et de perception des choses lié à son âge, à son éducation, à son niveau social et à sa culture de vie.

C'est pourquoi dans la transmission du message de Dieu, il est nécessaire de savoir adapter les choses c'est-à-dire que le message et le langage au niveau compréhensible à chaque individu.

Cette adaptation doit se faire aussi en tenant compte du tempérament et de la personnalité de l'intéressé. Nous ne devons pas oublier que si certains sont doux et compréhensifs, d'autres en revanche peuvent être incompréhensifs, orgueilleux et arrogants.

« Une réponse douce calme la fureur, mais une parole dure excite la colère. La langue des sages rend la science aimable, et la bouche des insensés répand la folie. » Proverbes 15 : 1-2

Nous devons donc en tant que messagers de Dieu faire usage de sagesse, de respect et de considération dans notre approche pour que le Seigneur soit glorifié. Sachons donc traiter chacun selon son rang et sa position tel que Paul l'avait recommandé à Timothée :

« Ne réprimande pas rudement le vieillard, mais exhorte-le comme un père ; exhorte les jeunes gens comme des frères, les femmes âgées comme des mères, celles qui sont jeunes comme des sœurs, en toute pureté. » 1 Timothée 5 : 1-2

Le niveau de maturité de la personne nous permettra de savoir quoi lui dire dans l'instant, quoi lui dire dans le futur et enfin ce qu'on ne doit pas lui dire.

Certaines personnes à cause de leur expérience et leur caractère brisé peuvent réagir sagement quelles que soient les choses qu'on leur dit. Mais ceux qui sont émotionnellement instables et présentent des faiblesses d'hauteur devront être gérés avec prudence.

Lorsqu'il y a une mauvaise nouvelle à annoncer dans une famille, on cherche toujours à joindre en premier la personne qui sera capable de gérer la situation avec maturité même si ce dernier se trouve au loin. Et ensuite, l'information circulera vers le moins fort jusqu'au faible.

Certaines personnes se voient priver d'informations quoi qu'étant un ayant-droit, alors que les personnes éloignées sont déjà au courant. Cela est fait pour préserver leur santé parce que plusieurs sont morts après qu'on leur ait très mal annoncé une mauvaise nouvelle.

La maturité spirituelle de la personne

La maturité spirituelle est le niveau de connaissance et de compréhension des choses spirituelles. Elle est basée sur le dépôt de la Parole de Dieu que nous avons en nous, que nous pratiquons et à laquelle nous sommes soumis.

C'est aussi le niveau de renouvellement d'intelligence et d'intimité que nous avons avec le Seigneur. Et ce niveau diffère d'une personne à une autre.

Même si la maturité vient avec le temps, sachons néanmoins qu'une personne peut avoir fréquenté une église depuis des longues années sans pour autant développer une maturité convaincante. Elle nécessite au-delà de tout l'humilité d'apprendre des aînés qui ont une histoire avec Dieu.

« Le beau-père de Moïse lui dit : Ce que tu fais n'est

pas bien. Tu t'épuiseras toi-même, et tu épuiseras ce peuple qui est avec toi ; car la chose est au-dessus de tes forces, tu ne pourras pas y suffire seul. Maintenant écoute ma voix ; je vais te donner un conseil, et que Dieu soit avec toi ! ... » Exode 18 : 17-19

Moïse avait reçu de Jethro son beau-père le conseil de structurer sa gestion du peuple pour maintenir son efficacité. Ce dernier avait obéi à ce propos intelligent sans hésiter parce qu'il avait su détecter la voix et la volonté de Dieu dans ce qui lui était présenté comme une réflexion humaine.

C'est ici la nécessité de rappeler que la maturité spirituelle à des niveaux et peut avoir des compartiments à cause notamment des grâces qui diffèrent les uns des autres. On peut avoir la maîtrise d'un sujet et avoir des lacunes dans un autre.

Si un chrétien n'est pas enseigné et rodé en ce qui concerne le monde spirituel (les dons spirituels, les anges de Dieu, la prière de délivrance…), il lui sera difficile dans certains cas de recevoir ou d'accepter le message prophétique de Dieu.

Il s'érigera quelquefois en obstacle à la révélation car c'est un domaine qu'il ne connaît ni ne maîtrise. Devant un tel homme ou une telle femme, la marge de manœuvre sera très réduite pour libérer le message de Dieu. On peut donc libérer un message sous un emballage différent, l'essentiel étant la transmission du rhema de Dieu.

Elle peut se présenter sous forme de parole de sagesse ou de suggestion sans dire que cela vient de Dieu. Mais l'intelligence et l'autorité qui se dégageront de ses paroles poussseront le destinataire à se dire : « c'est certainement Dieu qui m'a parlé à travers toi ».

Le fait de ne pas opérer dans un domaine de la vie de Dieu ne fait pas forcément de ceux qui naviguent aisément dans ce domaine des faux, des sorciers ou des féticheurs. Nous devons rester humbles et sages face aux mouvements du Saint Esprit qui ne peut pas être enfermés dans une boite. Il est souverain et donne à chacun selon son bon vouloir.

« En effet, à l'un est donnée par l'Esprit une parole de sagesse ; à un autre, une parole de connaissance, selon le même Esprit ; à un autre, la foi, par le même Esprit ; à un autre, le don des guérisons, par le même Esprit; à un autre, le don d'opérer des miracles; à un autre, la prophétie; à un autre, le discernement des esprits; à un autre, la diversité des langues; à un autre, l'interprétation des langues. Un seul et même

Esprit opère toutes ces choses, les distribuant à chacun en particulier comme il veut. » 1 Corinthiens 12 : 8-11

Le degré de relation que vous avez avec la personne

Un jour pendant une nuit le Seigneur me parla d'une personne et de ses activités. Lors de ce songe, j'avais vu que ses affaires avaient beaucoup prospéré plus que d'habitude et cela surprenait énormément les gens.

Pendant que je regardais (toujours dans mon rêve), je la voyais louant Dieu au milieu de son entourage, dansant et témoignant de ce que Dieu était en train d'accomplir dans sa vie.

Mais grande fut ma surprise quand le Seigneur me fit ressentir la vraie atmosphère spirituelle de ce lieu. La louange était adressée à Dieu mais l'ambiance spirituelle était celle d'une boîte de nuit.

Je fus perturbé et déboussolé par cette vision qui me montrait la réalité spirituelle qui se cachait derrière ce succès. Et je me suis demandé quoi faire.

Quelques temps après, je suis allé dire au

monsieur ce que j'avais vu sans cacher le moindre détail. Je n'avais même pas fini de parler qu'il me coupa la parole et se mit à me gronder comme un enfant.

Il me traita de menteur et m'accusait d'avoir entendu ce que les gens racontaient sur lui et le lui présentait comme un message venu de Dieu pour chercher ses faveurs. Je fus choqué, déçu mais aussi fâché de me voir être accusé à tort alors que mettant le Seigneur à témoin je disais vrai.

De cette mauvaise expérience, j'avais appris cette grande leçon : le degré de relation que vous avez avec une personne peut déterminer la manière dont il réagira à un message venant de Dieu à travers vous. Et cette expérience, certains l'avaient connue avant moi dans la Bible.

Le roi Ezéchias connaissait Esaïe comme prophète de Dieu en Israël et reconnaissait son autorité sur sa personne. Il faisait recours à lui lorsque le pays allait mal c'est pourquoi il accepta le message de sa mort prochaine donné par celui-ci comme venu de Dieu.

Il a maintenu l'humilité face à l'homme de Dieu en dépit du jugement de Dieu déclaré sur sa vie.

« ...Ezéchias fut malade à la mort. Le prophète Esaïe, fils d'Amots, vint auprès de lui, et lui dit : Ainsi parle l'Eternel : Donne tes ordres à ta maison, car tu vas mourir, et tu ne vivras plus. Ezéchias tourna son visage contre le mur, et fit cette prière à l'Eternel : O Eternel! Souviens-toi que j'ai marché devant ta face avec fidélité et intégrité de cœur, et que j'ai fait ce qui est bien à tes yeux!... » Ésaïe 38 : 1-3

Par conséquent, il serait préférable dans certain cas de donner le message à une personne intermédiaire qui a autorité sur le destinataire du message, et qui à son tour libèrera le message à l'intéressé.

Il pourra même après lui avoir parlé et préparé son cœur, faire appel au messager afin de donner plus de détails sur ce qu'il aurait reçu de Dieu.

Depuis, j'avais changé ma manière de procéder. Si je ne suis pas sûr de la maturité ou de la situation psychologique de la personne, je pourrais chercher un intermédiaire mature qui me facilitera la tâche surtout si le message contient des détails complexes.

C'est alors que des années après, revenu d'un voyage, je me suis assoupi dans mon salon avec ma fille dans les bras. Soudain, je me vois en train de prier pour une personne, brisant l'autorité du diable sur sa vie. Puis l'on me dit : « *Problèmes venus de la famille* ». Et la vision s'arrêta.

Puisque je ne pouvais pas joindre la personne directement, le Seigneur m'avait conduit à contacter une personne mature qui lui était familière avec qui j'ai partagé ce que j'avais vu.

A son tour, l'intermédiaire avait transmis mon message et l'intéressé avait décidé d'entrer en contact avec moi pour en savoir plus. Attestant que ce que j'avais vu était vrai, nous avons prié pour la situation qu'elle traversait. Contrairement au premier cas, celui-ci se termina bien.

Je tiens à relever l'importance de se laisser conduire par Dieu avant de se lancer dans une telle démarche. Toute démarche faite dans la chair peut conduire à des conséquences néfastes qui viendraient principalement du manque de discrétion de la personne intermédiaire.

La maturité nous conduira pour déterminer la proportion du message que nous pouvons divulguer à l'intermédiaire et les détails que nous devons exclusivement garder pour destinataire du message ou de la vision divine.

La prophétie par intermédiaire devra principalement être faite par ordre du Seigneur à son serviteur comme ce fut le cas du prophète Elie. Il avait transmis le message du roi Achazia à ses messagers par ordre du Seigneur.

« Mais l'ange de l'Eternel dit à Elie, le Thischbite : Lève-toi, monte à la rencontre des messagers du roi de Samarie, et dis-leur : ...C'est pourquoi ainsi parle l'Eternel : Tu ne descendras pas du lit sur lequel tu es monté, car tu mourras. Et Elie s'en alla. » 2 Rois 1 : 3-4

Elie finit par aller à la rencontre du roi Achazia malgré son instance qu'après que l'Eternel le lui ait permis. C'est alors qu'il lui donna tout le contenu du message venant de l'Eternel Dieu (2 Rois 1 : 15-16).

CHAPITRE 5
Une prophétie 100% vraie

« ...car ce n'est pas par une volonté d'homme qu'une prophétie a jamais été apportée, mais c'est poussé par le Saint-Esprit que des hommes ont parlé de la part de Dieu. » 2 Pierre 1 : 21

La vraie prophétie existe et les vrais prophètes qui parlent réellement de la part de Dieu existent aussi. Car il ne peut exister des faux que s'il existe d'abord des vrais car le faux a toujours été une réplique falsifiée du vrai. Sans le vrai créé par Dieu, il n'aurait pas eu de faux venant du diable.

La prophétie, la vision, la parole de connaissance, les rêves et ainsi que tout autre moyen que Dieu peut utiliser pour nous révéler ses mystères sont d'une importance capitale, notamment en ce temps de la fin.

Elle peut, à mon sens et selon mon expérience de chrétien, de pasteur et de personne qui exerce dans le prophétique, accomplir les choses suivantes :

Éclairer la vision et montrer la direction

« Nulle créature n'est cachée devant lui, mais tout est à nu et à découvert aux yeux de celui à qui nous devons rendre compte. » Hébreux 4 : 13

Dieu sait tout et voit tout. De son Trône éternelle, il voit tous les hommes, connaît le secret des cœurs et même les ténèbres ne sont pas obscures devant Lui. Il prend plaisir par moment à révéler à ses enfants certains détails cachés à leur intelligence.

De ce fait, les hommes sont outillés à mieux agir parce que leur connaissance subit une extension momentanée. Dieu le fait dans le but principal de leur montrer la direction à prendre.

« ...Pendant la nuit, Paul eut une vision : un Macédonien lui apparut, et lui fit cette prière : Passe en Macédoine, secours-nous ! Après cette vision de Paul, nous cherchâmes aussitôt à nous rendre en Macédoine, concluant que le Seigneur nous appelait à y annoncer la bonne nouvelle. » Actes 16 : 7-10

Le texte ci-dessus montre comment une révélation a guidé les actions de Paul et de ceux qui étaient avec lui dans le choix de leur destination missionnaire. La Macédoine leur fut révélée comme le lieu où Dieu les attendait alors qu'au départ ils avaient prévu de prêcher dans l'Asie.

La révélation permet à ceux qui marchent avec Dieu d'être plus performants dans ce qu'ils font. L'écoute de la voix de l'Esprit leur permet d'être au lieu et au moment où Dieu les veut.

« Un ange du Seigneur, s'adressant à Philippe, lui dit : Lève-toi, et va du côté du midi, sur le chemin qui descend de Jérusalem à Gaza, celui qui est désert. Il se leva, et partit. Et voici, un Ethiopien, un eunuque... L'Esprit dit à Philippe : Avance, et approche-toi de ce char. Philippe accourut, et entendit l'Ethiopien qui lisait le prophète Esaïe... » Actes 8 : 26-31

Lorsqu'on parle des exploits de Philippe, on oublie souvent de montrer que ses actions ont été dirigées, mieux ordonnées par Dieu Lui-même. Clairement, il a reçu l'instruction sur ce qu'il devait faire et même du chemin qu'il devait emprunter.

Ensuite, l'Esprit de Dieu lui demanda de s'approcher de cet africain afin d'entendre et de voir ce qu'il faisait. C'est alors que Philippe fit le ministère sur cet homme qu'il baptisa dans la suite de l'histoire.

Dans ce cadre ci-précis, la prophétie est donc une instruction venant de Dieu afin de nous montrer quoi faire pour arriver au résultat voulu. La réalisation de cette prophétie dépend entièrement de l'obéissance que nous appliquerons à cet ordre.

Derrière cette instruction se cache la puissance divine qui n'attend que notre action pour se déployer afin que ce qui est sorti de la bouche de Dieu ne demeure pas sans effet (Ésaïe 55 : 10-11).

Alors que ma femme était enceinte de quatre mois de notre deuxième enfant, j'ai eu une vision dans laquelle je voyais une petite fille de 4 à 7 ans courir dans la maison en jouant. Je bénissais Dieu pour cela mais j'ignorais totalement le sens de cette vision.

La date de l'accouchement étant dépassée, nous nous étions rendus à l'hôpital pour une consultation et à notre retour nous avons connu un accident où plusieurs véhicules étaient entrés en collision.

Vue l'ampleur du dégât de la voiture dans laquelle nous étions, les médecins après presque 6 heures d'observation avait préconisé un accouchement par césarienne afin d'éviter tout risque sur l'enfant à cause des effets post-accident.

C'est à ce moment précis que la vision de ma fille revint dans mon esprit et le Saint-Esprit m'a dit : « *Ta femme n'a pas besoin de ce type d'accouchement, ta fille vivra* ».

Je me suis alors donné à louer Dieu et à proclamer sa Seigneurie sur ma vie, et celle de ma famille. Au bout d'un moment, j'ai senti la présence de Dieu envahir la pièce dans laquelle était couchée ma femme connectée à multiples appareils.

Cette forte présence m'avait certifié que Dieu était plus qu'au contrôle de la situation et que je devais agir par la foi et non par la vue des faits. J'ai alors agi selon que le Saint-Esprit me dirigeait.

J'ai fait appel à l'infirmière de garde, et lui ai demandé de déconnecter tous les dispositifs médicaux qui étaient placés sur ma femme. Je l'ai prié de nous laisser rentrer à la maison en dépit de son avis contraire. Sortis de là un samedi vers une heure du matin, ma femme accoucha de notre fille en parfaite santé, dimanche soir pratiquement sans l'aide d'un médecin mais avec l'aide de Dieu qui nous avait prévenus.

Le manque de résultats dans la vie de plusieurs est donc la conséquence du manque de connexion avec le Ciel. En tant qu'enfant de Dieu, nous devons avant tout rechercher le rhema de Dieu pour notre lendemain.

Si nous devons travailler pour augmenter notre capacité à sentir le trône de grâce de Dieu, nos actions seront ciblées et les résultats surprendront parce que tout sera fait selon l'horaire et le programme de Dieu.

Fortifier la foi de l'homme

Il arrive dans la vie des moments où on se sent abattu, stressé et épuisé à cause des événements non heureux que l'on rencontre sur notre parcours.

L'échec et les difficultés se manifestent constamment alors qu'on avait agi avec intelligence, sagesse et détermination pour réussir comme il se doit. La foi se refroidit, le doute augmente et l'on se demande si Dieu est toujours avec nous.

Dans ces moments d'incertitudes absolues, on cherche le moindre signe, la moindre vision et la moindre parole qui nous attestera que Dieu est toujours avec nous. En fait, on sait que Dieu est toujours présent en nous mais les événements actuels nous font croire le contraire.

« Elie répondit : j'ai déployé mon zèle pour l'Eternel, le Dieu des armées; car les enfants d'Israël ont abandonné ton alliance, ils ont renversé tes autels, et ils ont tué par l'épée tes prophètes; je suis resté, moi seul, et ils cherchent à m'ôter la vie... L'Eternel lui dit : ...mais je laisserai en Israël sept mille hommes, tous ceux qui n'ont point fléchi les genoux devant Baal, et dont la bouche ne l'a point baisé. » 1 Rois 19 : 14-18

Eli le puissant prophète de Dieu avait expérimenté cette épreuve de souffrance intérieure. Il se mit à gémir et à se demander qu'est ce qui se passait alors qu'il était resté juste et intègre dans sa marche. C'est alors qu'une seule parole venue de Dieu l'a relevé de son amertume, de son abattement et son découragement.

Il lui a parlé et lui a montré qu'en dépit de son regard inquiet, Il gardait le contrôle de tout. Certaines prophéties, que nous recevrons, seront seulement des signes de Dieu pour nous garder confiant à l'égard du

Seigneur et de sa fidélité.

« Toi, que j'ai pris aux extrémités de la terre, et que j'ai appelé d'une contrée lointaine, à qui j'ai dit : Tu es mon serviteur, Je te choisis, et ne te rejette point! Ne crains rien, car je suis avec toi; ne promène pas des regards inquiets, car je suis ton Dieu; Je te fortifie, je viens à ton secours, Je te soutiens de ma droite triomphante. » Ésaïe 41 : 9-10

Ce texte d'Esaïe est un exemple que Dieu peut parler seulement pour nous réconforter dans notre foi en nous rappelant d'où Il nous a pris ainsi que les promesses qu'Il nous avait faites dans le passé.

Ainsi ceux qui nous avaient vus hier inquiets et soucieux seront surpris de notre changement d'attitude. La joie de l'Eternel qui est notre force nous relèvera ainsi de notre deuil, et la louange sera désormais notre partage.

Réprimander le pécheur

Il est faux de penser que Dieu ne parle que pour nous dire des bonnes choses. Mais par amour, Il peut nous parler pour nous réprimander sévèrement. Par conséquent, un prophète qui ne prophétise que des bonnes paroles au peuple est un homme dangereux qu'il faut éviter d'écouter.

On ne peut pas toujours parler de bénédiction, de prospérité, de fécondité et d'élévation dans les prophéties. Par moment nous devons être capables de dire au peuple les réprimandes que Dieu place sur nos lèvres.

« ...*Vous avez péché en vous alliant à des femmes étrangères, et vous avez rendu Israël encore plus coupable. Confessez maintenant votre faute à l'Éternel, le Dieu de vos pères, et faites sa volonté! Séparez-vous des peuples du pays et des femmes étrangères.* » Esdras 10 : 9-11

Dieu peut nous adresser des blâmes pour des actes que nous avons posés dans le passé et veut que nous puissions changer comme le dit bien le texte ci-haut. Esdras révéla les reproches de Dieu à son peuple qui avait épousé des femmes étrangères et leur demandait de revenir à l'Eternel.

Le Seigneur peut nous réprimander pour des fautes et la mauvaise conduite présentes qui attirent sa colère sur le pays. Le passage d'Osée 4 : 1-3 est un exemple éloquent annonçant les désastres qui allaient s'abattre sur le peuple désobéissant :

« ...*Car l'Éternel a un procès avec les habitants du pays, parce qu'il n'y a point de vérité, point de miséricorde, point de connaissance de Dieu dans le pays. Il n'y a que parjures et mensonges, assassinats, vols et adultères... C'est pourquoi le pays sera dans le deuil, tous ceux qui l'habitent seront languissants...* »
Osée 4 : 1-3

Une prophétie peut aussi s'établir comme un avertissement futur alors que le mal n'est même pas encore fait. Le Seigneur voyant la disposition de notre cœur peut nous prévenir d'un potentiel danger qui nous guette si nous ne nous faisons pas attention.

Il peut nous révéler les domaines de notre vie qui nécessitent une attention particulière ainsi que les failles dans notre personnalité qui peuvent nous poser des problèmes dans l'avenir. C'est ainsi qu'Israël dans le désert a reçu cet avertissement :

« *Prends garde que ton cœur ne s'enfle, et que tu n'oublies l'Eternel... qui t'a fait sortir du pays d'Egypte, de la maison de servitude... Si tu oublies... je vous déclare formellement aujourd'hui que vous périrez... comme les nations que l'Eternel fait périr devant vous, parce que vous n'aurez point écouté la voix de l'Eternel, votre Dieu.* »
Deutéronome 8 : 19-20

Face à une vie de débauche et de péché, il est impossible pour Dieu de prophétiser la bénédiction, la joie et la santé. S'il le fait, ce serait donc pour montrer la gloire cachée derrière la repentance à laquelle il nous appelle.

« Quand je fermerai le ciel et qu'il n'y aura point de pluie, quand j'ordonnerai aux sauterelles de consumer le pays, quand j'enverrai la peste parmi mon peuple; si mon peuple sur qui est invoqué mon nom s'humilie, prie, et cherche ma face, et s'il se détourne de ses mauvaises voies, je l'exaucerai des cieux, je lui pardonnerai son péché, et je guérirai son pays. » 2 Chroniques 7 : 13-14

Il est anormal de voir des prétendus messagers promettre de la part de Dieu une pluie d'abondance à des personnes de mauvaise vie sans presque jamais leur montrer la voie de la repentance et du salut.

Derrière les réprimandes et les avertissements de Dieu, se cachent son amour qui veut que le fils rebelle revienne à Lui et soit transformé. Derrière Sa dureté se cache Sa grâce qui surabonde là où le péché a abondé (Romains 5 : 20).

En bon messager de Dieu, nous devons être capables de transmettre la pensée de Dieu à qui de droit même si elle ne semble pas être plaisante. Si nous agissons avec complaisance à l'égard de ceux auprès de qui Dieu nous envoie, nous serons coupables devant Lui comme le dit bien Ézéchiel 3 : 18 :

« Quand je dirai au méchant : Tu mourras! Si tu ne l'avertis pas, si tu ne parles pas pour détourner le méchant de sa mauvaise voie et pour lui sauver la vie, ce méchant mourra dans son iniquité, et je te redemanderai son sang. »

C'est pourquoi, ne nous attendons pas que les gens nous acclament lorsque nous leur parlons de la part de Dieu. Car si un cœur humble peut fléchir Dieu et se repentir, un méchant peut s'irriter contre la voix de la raison.

L'essentiel pour nous doit être la réalisation de la mission que le Seigneur nous a donnée et rien d'autre. Que l'on nous accepte ou pas comme prophète, qu'on accepte ou pas notre message comme venu de Dieu, rien ne devrait nous changer.

Le rôle du prophète c'est de sonner la trompette, la part du peuple c'est d'écouter la voix de Dieu et d'y obéir. Le reste appartient à Dieu qui est souverain.

CHAPITRE 6
Une prophétie 100% fausse

« Et l'Éternel me dit : c'est le mensonge que prophétisent en mon nom les prophètes ; je ne les ai point envoyés, je ne leur ai point donné d'ordre, je ne leur ai point parlé ; ce sont des visions mensongères, de vaines prédictions, des tromperies de leur cœur, qu'ils vous prophétisent » Jérémie 14 : 14

Il y a de quoi se demander comment un homme peut-il prétendre parler de la part de Dieu alors qu'il n'en a pas reçu le mandat. Comment une chose qui porte le cachet de Dieu peut-elle être fausse ?

Une fausse prophétie est très dangereuse parce qu'elle n'a pas pour but d'atteindre les objectifs de Dieu mais les intérêts humains et/ou les plans destructifs du diable. Il est très vital de savoir déceler les faux messages parce qu'ils peuvent nous amener vers la perdition et la mort.

Nous devons rester vigilants parce que devant Dieu nous demeurerons responsables de nos actes en dépit du fait qu'une autre personne nous aurait influencés par des fausses prédictions (1 Rois 13 : 25-26), même si le faussaire sera aussi puni à cause de son mensonge.

Dans ce chapitre, nous allons tenter de relever quelques éléments qui sont à la base de fausses prophéties :

Prophétiser par la vue ou pour le ventre

Plusieurs prophètes pour donner un message, regardent l'apparence physique et l'état psychologique de la personne qui est devant eux afin de deviner les choses à dire.

Ils observent les attitudes, les atouts et les manques apparents de leur interlocuteur pour donner un message qui ira dans le sens leurs besoins alors que Dieu n'a rien dit, tout en espérant sa concrétisation probable et hasardeuse.

Ce message qui sera vague, globale et floue, avec des nombreuses approximations, viendra de leur déduction et de leur probabilité en vue d'en recevoir un gain sordide.

« Et dis à ceux qui prophétisent selon leur propre cœur : ...Malheur aux prophètes insensés, Qui suivent leur propre esprit et qui ne voient rien! ...Et ils font espérer que leur parole s'accomplira » Ezéchiel 13 : 2-3, 6

Il n'y a pas que les faux prophètes qui peuvent prophétiser par la vue. Un vrai messager de Dieu peut aussi tomber dans cette erreur s'il ne fait pas attention à ses sens. Le prophète Samuel fut influencé par ses émotions et son désir humain de voir un roi physiquement très au point.

Il a voulu parler de sa propre part se basant notamment sur son expérience passée pour le choix de Saül qui était jeune, beau et très élancé. Mais l'Eternel qui l'avait envoyé dans la maison d'Isaï ne l'avait pas encore révélé le choix de son cœur.

« ...il se dit, en voyant Eliab : Certainement, l'oint de l'Eternel est ici devant lui. Et l'Eternel dit à Samuel : Ne prends point garde à son apparence et à la hauteur de sa taille... » 1 Samuel 16 : 6-7

Un frère, habillé de manière assez débraillée, s'est retrouvé un jour devant un homme de Dieu. Pensant qu'il était chômeur, il lui déclara que Dieu allait d'abord donner du travail à sa femme et qu'il ne devait pas s'en faire parce que son tour viendra. Mais rien de tout cela était vrai.

Au moment où il parlait prétendument de la part de Dieu, le monsieur venait de quitter par choix personnel un travail à plein temps pour un autre à temps partiel qui le rémunérait beaucoup mieux.

Il est donc possible qu'on prophétise à une personne et particulièrement à une femme, un mariage si elle ne porte pas d'alliance et donne l'apparence d'être d'un certain âge.

Une visitation financière peut vous être prédite si vous êtes mal habillé ou pas très présentable. Et vous courrez le risque d'être taxé d'être possédé par un esprit d'une maladie quelconque si vous êtes mince et d'apparence maladive.

« ...Et l'Eternel me dit : c'est le mensonge que prophétisent en mon nom les prophètes. Je ne les ai point envoyés, je ne leur ai point donné d'ordre, Je ne leur ai point parlé. Ce sont des visions mensongères, de vaines prédictions, des tromperies de leur cœur, qu'ils vous prophétisent. » Jérémie 14 : 14

« Car il en est plusieurs qui marchent en ennemis de la croix de Christ... ils ont pour dieu leur ventre, ils mettent leur gloire dans ce qui fait leur honte, ils ne

pensent qu'aux choses de la terre. » *Philippiens 3 : 18-19*

Certains utilisent l'étiquette prophétique pour manifester leur intention et leur souhait qu'ils ne savent pas faire en étant naturel. Ils utilisent le « Dieu m'a dit » pour pousser les gens à faire leur volonté et réaliser leur calcul mesquin.

Ils font usage de manipulation psychologique, avec des statistiques et des informations pré-reçues recueillies notamment à travers les réseaux sociaux pour faire leur sale besogne.

Dieu a horreur de ce type de pratiques qui discréditent son église dans certains milieux. Il est contre ceux qui prophétisent selon leur propre cœur (Ezéchiel 13 : 2) et le châtiment les attend.

Prophétiser par l'esprit de mensonge

Le diable dans sa mission de détruire les vies peut utiliser une fausse prophétie pour atteindre ses objectifs. Il peut susciter un faux prophète ou peut profiter d'un moment de faiblesse d'un vrai prophète pour nous désorienter afin de nous pousser à prendre des mauvaises décisions qui nous amèneront sur une voie autre que celle de Dieu.

*« ...il m'a été dit, par la parole de l'Eternel : Tu n'y mangeras point de pain et tu n'y boiras point d'eau, et tu ne prendras pas à ton retour le chemin par lequel tu seras allé. Et il lui dit : Moi aussi, je suis prophète comme toi; et un ange m'a parlé de la part de l'Eternel, et m'a dit : Ramène-le avec toi dans ta maison, et qu'il mange du pain et boive de l'eau. **Il lui mentait**. »* 1 Rois 13 : 15-18*

Par des fausses visions, des fausses prophéties et des faux songes, le diable a poussé plusieurs dans l'erreur et continue à utiliser les uns afin de tromper les autres. Et cela est fait de manière sournoise, sans que les uns et autres s'en rendent compte.

Ces pseudo-révélations ont conduit beaucoup de gens à faire des mauvais choix de mariage, d'investissement, de carrière et de parcours. Plusieurs ne s'en rendront pas compte jusqu'à ce que la mort les surprenne.

« Et maintenant, voici, l'Eternel a mis un esprit de mensonge dans la bouche de tes prophètes qui sont là. Et l'Eternel a prononcé du mal contre toi. » 2 Chroniques 18 : 22*

Les esprits de mensonge qui sont des démons qui ont pour mission de pousser une personne à dire et à croire aux faussetés sans le savoir, peuvent être envoyés par le diable le père de mensonge mais peuvent aussi être autorisés par Dieu.

Ce texte relate l'histoire d'Achab, mari de Jézabel, roi impie qui a commis des abominations énormes. Son règne inique avait tellement déplu à Dieu qu'un jour il décida de le confondre en autorisant un esprit de mensonge d'agir contre lui.

Ce démon avait deux missions, d'une part d'inciter les prophètes à prédire le mensonge, d'autres part de pousser Achab à croire à ce mensonge comme la vérité venant de Dieu.

Dieu ne se repent pas de son appel ni de ses dons mais le péché altère son efficacité. On peut commencer à servir Dieu en toute intégrité et manifester la puissance de Dieu mais si l'on ne maintient pas la discipline, on ira à petit feu vers la fausseté permanente.

C'est pourquoi il faut faire attention avec les prédictions venues des personnes dont les vies sont en total contradiction avec la nature de Dieu qui est la sainteté. Il y a possibilité qu'en dépit de leur apparence, qu'elles soient conduites par d'autres esprits que celui de Dieu.

Ceux qui seront humbles et retourneront vers

Dieu seront restaurés. Mais ceux qui ont pris goût au péché et demeureront incrédules pendant longtemps malgré les multiples avertissements du Seigneur fermeront définitivement leur cœur à la voix du Saint-Esprit.

Leur orgueil les poussera en fin de compte à faire allégeance au diable pour maintenir la réputation d'antan. Ils garderont la même posture de saint mais en eux tout sera différent.

Saül, qui avait prophétisé à ses débuts par l'esprit de Dieu, avait fini sa marche dans la maison d'une magicienne pour connaître l'avenir alors qu'en Israël il y avait encore des prophètes capables de répondre à ses questions.

« Et Saül dit à ses serviteurs : Cherchez-moi une femme qui évoque les morts, et j'irai la consulter... Saül lui dit : Prédis-moi l'avenir en évoquant un mort... » 1 Samuel 28 : 7-8

Prophétiser par des Esprits divinatoires

Toute la Bible fait mention des divins, des magiciens, des voyants qui utilisent les forces du mal pour faire des prédications à côté de ceux qui prophétisent réellement par l'Esprit de Dieu. Certains étaient même reconnus comme conseillers des rois.

Cela étant, le fait qu'une personne annonce avec exactitude les événements qui vont arriver ne fait pas forcément d'elle un serviteur de Dieu. On peut ainsi prédire par la force des démons dont les esprits de divination.

Une fausse prophétie n'est pas seulement celle qui annonce des choses qui ne s'accomplissent pas mais aussi celle qui n'a pas pour source Dieu.

La prophétie qui vient de Dieu a pour but essentiel d'accomplir sa volonté sur la terre, d'encourager et de ramener le peuple à compter sur lui. Dès l'instant qu'une prédiction n'a pas pour seul but d'honorer le Jésus-Christ, elle est par conséquent fausse.

« ...une servante qui avait un esprit de Python, et qui, en devinant, ...criait : Ces hommes sont les serviteurs du Dieu Très-Haut, et ils vous annoncent la voie du salut. Elle fit cela pendant plusieurs jours. Paul fatigué se retourna, et dit à l'esprit : Je t'ordonne, au nom de Jésus-Christ, de sortir d'elle. Et il sortit à l'heure même. » Actes 16 : 16-18

Cette femme remplie de démons annonçait

des choses vraies. Mais quel était l'intérêt d'un tel acharnement à déclarer que Luc, Paul et les autres étaient bel et bien des serviteurs de Dieu ?

Le but était de pousser les gens à s'attacher plus aux apôtres qu'au message de Salut qu'ils apportaient. La séduction satanique travaillait pour réduire l'impact de leur mission ainsi avoir très peu de vies sauvées.

Si certains vont de manière volontaire vers des magiciens et des féticheurs pour avoir des pouvoirs de prédire l'avenir avec précision, d'autres en revanche sont sous l'impulsion des esprits impurs sans le savoir.

Il y a plusieurs qui pérennisent des alliances contractées par un arrière-parent qui pour protéger leur progéniture par exemple, avait pactisé avec le diable pour avoir la capacité de voir les choses avant qu'elles ne se produisent.

Ces alliances de sang rendront tous les membres de famille prédisposés à être utilisés par l'ennemi dans le futur. Ces aptitudes se présenteront comme innées et naturellement sans que ces derniers soient chrétiens et se déclenchent soit à un certain âge soit à la suite d'un événement donné.

Si ces manigances ne sont pas détectées, elles peuvent entrer dans l'église, et opérer sous forme de parole de connaissance alors que c'est Satan qui parle. Ces faux dons seront par la suite utilisés pour désorienter l'église et placer au sein du staff dirigeant d'autres agents de l'enfer en vue de pourrir les choses de l'intérieur.

C'est la raison pour laquelle, toute personne qui a des aptitudes de voyance que ce soit par les rêves ou les visions, doit lorsqu'elle vient à Christ, se dépouiller de tout et laisser le Saint-Esprit lui donner ce qu'il veut.

Après la nouvelle naissance et la délivrance, certaines personnes verront ces faux dons disparaitre définitivement parce qu'ils ne venaient pas de Dieu. Mais d'autres après s'être dépouillés, seront revêtus par des dons plus puissamment.

Chaque église doit par conséquent avoir des programmes d'enseignement pour les nouveaux convertis afin de leur montrer les vraies bases de la foi en Jésus-Christ. Elle doit aussi prendre en charge toute personne qui souhaiterait servir le Seigneur dans le but d'être sûre de l'authenticité de son don et de son appel.

Par-dessus tout, chaque église doit maintenir le feu de la prière en son sein pour que les faux dons soient démasqués et que leur auteur se repente ou parte.

CHAPITRE 7
Une prophétie en partie vraie et en partie fausse

« *Ne méprisez pas les prophéties. Mais examinez toutes choses; retenez ce qui est bon.* » *1 Thessaloniciens 5 : 20-21*

Si Paul spécifie de manière claire qu'il faut examiner et prendre ce qui est bon et rejeter ce qui est mauvais c'est parce que justement une prophétie peut être en partie vraie c'est-à-dire en partie fausse.

Lorsqu'une prophétie venant de Dieu est reçue par l'homme, elle est vraie à cent pour cent car Dieu est la vérité et que rien de faux ne peut provenir de Lui. Au messager incombe la responsabilité d'être sûr de ce qu'il a reçu et de libérer fidèlement la pensée excellente de Dieu dans un langage humain, temporel et imparfait.

Il doit être conscient que sa chair peut exercer une pesanteur sur la nature divine qui agit en lui. Il devra veiller sur ses défauts et ses émotions sans oublier les facteurs extérieurs qui pourront l'influencer soit lors de la réception du divin, soit lors de la transmission du divin vers l'humain.

Ces influences négatives qui peuvent détruire au lieu de bénir sont dans la plupart de cas des conséquences de certaines actions parmi lesquelles nous pouvons trouver :

Le manque de prière et de consécration

La consécration est l'acte de se donner à Dieu de manière volontaire afin que sa vie et ses œuvres soient pour sa seule gloire (Romains 12 : 1). Cette manière de vivre est essentielle à la marche avec Dieu et à l'efficacité de la prière que nous lui adressons.

En retour, le manque d'une vie de prière sérieuse peut réduire notre consécration, en même temps augmenter l'influence de la chair sur nous et par conséquent entamer l'efficacité d'un don.

Il est donc conseillé de réduire des temps en temps son exposition au public afin d'aller se ressourcer dans la présence de Dieu par toutes sortes de prière dont celles en langues pour permettre au surnaturel de Dieu d'opérer dans toute sa splendeur.

Au-delà de sa divinité, Jésus passait du temps dans la prière en vue d'être efficace dans ce qu'il faisait. Il se levait tôt afin de préparer sa journée dans la présence de son Père.

« En ce temps-là, Jésus se rendit sur la montagne pour prier, et il passa toute la nuit à prier Dieu. » Luc 6 : 12

Son niveau de prière était en fonction des défis qu'Il avait rencontrés et qu'Il allait rencontrer. Il fuyait par moment la foule et ses disciples pour contempler la gloire du Dieu éternel, sans laquelle aucun impact n'est possible.

Celui qui est utilisé par Dieu comme sa bouche doit savoir qu'il ne s'appartient plus. Ses attitudes et ses actions ainsi que sa bouche doivent être consacrés à Dieu de manière permanente puis qu'il est son instrument de gloire.

Cette sanctification doit commencer dans ses pensées ainsi que dans ses motivations avant même de s'exprimer extérieurement.

Prophétiser à tout moment

La force d'un grand prophète réside non seulement dans la précision de ses prédictions mais aussi et surtout dans sa capacité de se taire quand il ne voit rien. Si Dieu n'a pas parlé, nous devons nous taire au risque de tomber dans le mensonge.

Un prophète parle à la fréquence de Dieu.

Dieu peut décider dans sa volonté de ne pas nous révéler des choses pendant un moment ou une période de temps. Nous devons être ainsi suffisamment humbles pour reconnaître nos limites face à cette situation.

Il arrive qu'à cause de la précision avec laquelle certaines prophéties dites dans le passé se sont accomplies, la demande du peuple augmente. C'est en ce moment qu'il faut faire attention parce qu'on risque de tomber dans le piège de la popularité qui nous poussera à vouloir satisfaire tout le monde.

En étudiant la Bible, on constate qu'il y a eu des moments de silence de Dieu malgré l'existence des grands prophètes. Des moments où Dieu avait caché sa face aux fils des hommes parce qu'Il est souverain.

Le fait que Dieu sache tout ne veut pas dire qu'il le fera toujours et ceux qui marchent dans la vraie dimension prophétique le savent. Ainsi, on peut avoir une vie de prière forte, marcher dans la pureté et ne rien capter spirituellement pendant un moment parce que Dieu n'a pas prévu cela.

« La parole de l'Eternel était rare en ce temps-là, les visions n'étaient pas fréquentes. » 1 Samuel 3 : 1

La vie chrétienne est avant tout une relation de foi avec Dieu, et est bâtie sur sa Parole qui est la prophétie par excellence. Si Dieu ne révèle rien, nous devons continuer notre marche dans la paix et la joie de l'Esprit conformément à sa Parole.

Si les révélations peuvent manquer pendant ce temps, la Parole de Dieu qui est au-dessus de toute chose demeure avec nous de manière permanente.

« Quand il n'y a pas de révélation, le peuple est sans frein; **heureux s'il observe la loi!** *» Proverbes 29 : 18*

On est prophète avant tout parce que Dieu nous appelle à cela et non parce que nous prophétisons beaucoup. Nous n'avons donc aucune approbation humaine à rechercher car celle de Dieu nous suffit. Si Dieu, qui a les moyens de satisfaire les besoins de tout le monde, ne le fait pas toujours, pourquoi nous ses serviteurs cherchons à le faire ?

Pour maintenir notre efficacité, on doit être capable de dire aux gens sans honte ni gêne que Dieu n'a rien révélé. Mais cela n'exclut pas que nous puissions leur donner des conseils et des suggestions qui peuvent les aider dans leur démarche vers la solution.

Éviter de prouver qu'on est un vrai prophète

Beaucoup de prophètes de notre temps, dans leur manière de faire, cherchent à ce que la personne pour qui ils prophétisent croit et accepte qu'il est réellement un vrai prophète de Dieu dans l'immédiat.

C'est ainsi que parfois ils commencent par donner certains détails ayant traits avec la personne et certains n'hésitent pas à poser la question si les détails donnés sont vrais ou faux. Ce n'est pas toujours nécessaire de vouloir que les gens confirment sur le champ la véracité des détails pour avancer dans sa prédiction.

Une personne à cause de la gêne ou de la honte peut nier les faits en public alors qu'ils sont vrais ou accepter pour vrai ce qui est faux pour ne pas vexer le prophète qui déclare des choses qui ne concordent pas avec sa vie.

Lors d'une de nos conférences, une famille avec qui nous étions proches à accepter pour vrai en réponse à la question du prophète, des faits qui étaient totalement faux, juste pour préserver les relations que nous avions avec eux.

Mais des jours après, elle ne s'était pas réservée de manifester à mon égard leur indignation.

Que les gens acceptent ou pas qu'une prophétie comme vraie, n'est pas le plus important. La responsabilité d'un prophète reste la transmission du message et, comme on l'a dit ci-haut de la façon la plus simple possible.

« Comme nous étions là depuis plusieurs jours, un prophète, nommé Agabus, descendit de Judée, et vint nous trouver. Il prit la ceinture de Paul, se lia les pieds et les mains, et dit: Voici ce que déclare le

Saint-Esprit : L'homme à qui appartient cette ceinture, les Juifs le lieront de la même manière à Jérusalem, et le livreront entre les mains des païens. »
Actes 21 : 10-11

Ce passage démontre comment Agabus prophétisa sur le propriétaire de la ceinture sans désigner nommément Paul. Il le fit sans grimaces, et sans chercher à se faire accepter dans l'instant comme prophète, comme un grand prophète.

Les gens peuvent désapprouver un prophète et son message dans le présent mais s'il a réellement parlé de la part de Dieu, le temps permettra de reconnaître qu'il était un vrai et voire un grand lorsque ses prédictions s'accompliront.

Du reste, chercher à être approuvé par les hommes dans l'immédiat est un signe d'immaturité.

Le prophète doit toujours se rappeler que les personnes qui l'écoutent ont le droit de prendre du temps selon leur convenance pour examiner ce qu'il dit.

Il ne doit exercer aucune forme de pression et d'intimidation, et doit garder à l'esprit que si les gens refusent d'écouter la voix de l'esprit de Dieu qui a parlé par lui, ils subiront la sanction de Dieu pour leur désobéissance.

Le messager doit se rassurer seulement d'avoir accompli fidèlement sa mission et laisser le Seigneur Jésus-Christ juger ou récompenser les uns et les autres, lui y compris.

La fatigue psychologique, physique ou spirituelle

Il m'a été rapporté une scène qui avait eu lieu dans une église. Un prophète qui est connu sérieux et précis dans ses prédictions a fini par donner des prophéties qui se sont avérées être non correctes.

Le public a su qu'elles ne concordaient pas à la réalité parce que l'homme de Dieu avait demandé à l'intéressé si ce qu'il disait était vrai ou faux. Ce fut une confusion.

Après une unième prophétie non correcte, le prophète dont je loue la maturité, s'est excusé et a demandé la permission de laisser une autre personne le soin de continuer le service parce qu'il se sentait très fatigué dans son corps.

Il a expliqué à l'audience comment il avait

beaucoup travaillé la semaine d'avant, mais qu'il n'avait pas eu suffisamment de temps de repos avant de se relancer dans l'exercice de son office.

Le corps humain a besoin de nourriture et repos de manière régulière afin de se reconstituer. En dépit du poids des responsabilités et un agenda rempli des programmes, il faut toujours trouver le temps pour s'arrêter afin de souffler un peu.

Le puissant Eli le Thischbite avait reçu de Dieu l'instruction :

*« L'ange de l'Eternel vint une seconde fois, le toucha, et dit : Lève-toi, mange, car le chemin est trop long pour toi. Il se leva, mangea et but; et **avec la force que lui donna cette nourriture**, il marcha quarante jours et quarante nuits jusqu'à la montagne de Dieu, à Horeb. » 1 Rois 19 : 7-8*

La force dans le travail ne vient pas que de la compétence que nous avons mais aussi d'une bonne santé physique. Ainsi, un Esprit saint devrait habiter dans un corps sain.

Sans alimentation équilibrée et sans sommeil suffisant, les nerfs se tendent, l'attention s'affaiblie et la nervosité s'installe. Cette situation aura un effet direct sur la qualité du travail que nous faisons quel que soit le domaine. Même si au début on ne le sentira pas, avec l'augmentation de la fatigue, notre rendement deviendra désastreux.

Le repos dont nous parlons n'est pas seulement d'ordre physique mais aussi spirituel. Il nous faut, en dépit de la force de notre appel et de notre don, être capable de s'assoir par moment pour être nourri spirituellement aussi par les autres.

En laissant les autres exercer leur ministère à nos côtés, on pourra reposer notre esprit et mieux se préparer pour demain.

En plus, les soucis de la vie, les problèmes de famille ainsi que les problèmes émotionnels peuvent affecter la paix intérieure d'une personne au point de la rendre distrait et inefficace dans ce qu'il est capable de faire naturellement. Son impact sera réduit en dépit de l'onction de Dieu qui est lui.

C'est pourquoi si l'on ne se sent pas totalement en forme, on doit faire attention à ce que l'on dit prétendument venu de Dieu. La prudence, l'humilité et la sagesse doivent conduire le prophète à mieux scruter ses messages avant de les libérer. Il doit reconnaître les faiblesses attachées à l'homme qu'il est.

Il peut dans certains cas, présenter le message sous forme de conseil ou même d'avis personnel. Il se met en réserve dans ses déclarations pour éviter d'induire les gens en erreur, ce qui peut avoir des effets désastreux dans leur vie.

Chapitre 8
Discerner le vrai du faux

Dans ce chapitre, nous donnons certaines clés essentielles afin de booster notre capacité de reconnaître et de dissocier dans une prophétie, les éléments qui viennent réellement de Dieu, de ceux qui viendraient de l'homme lui-même ou du diable.

Lorsqu'un chèque est amené pour la première fois dans une banque, le chèque ne sera pas validé directement. Il faudra trois à cinq jours pour que la banque l'authentifie avant de vous faire son paiement.

Après le succès de la première opération, le prochain chèque venant de la même personne pourrait bénéficier d'une certaine confiance qui permettra à la banque de faire le paiement partiel ou total en attendant que le dit chèque soit authentifié.

En ce qui concerne les prophéties, les choses se passent plus ou moins de la même manière. Si une personne dans le passé nous avait donné une prophétie vraie, il bénéficiera naturellement d'une certaine confiance qui fera que nous puissions croire plus facilement à ses prochains messages.

Néanmoins, nous devons maintenir le même niveau d'exigence dans l'examen des prophéties, chaque fois que nous recevons en dépit de la confiance existante. Et pour cela, il nous faudra utiliser les éléments suivants que nous pensons être les plus importants :

Le bon sens, l'intelligence et la sagesse

Le bon sens est l'aptitude de réfléchir de manière raisonnable, d'agir de la manière saine conforme à la morale. Il est donc l'intelligence de distinguer le bien et du mal, pour ainsi faire le choix pour le bien.

« Enseigne-moi le bon sens et l'intelligence! » Psaume 119 : 66

Le bon sens est lié à l'homme naturel c'est-à-dire sauvé ou pas, même si celui qui est né de nouveau en Christ, a un bon sens plus aiguisé, parce qu'il juge non selon la chair mais selon la loi de Dieu.

Toute prophétie doit se conformer aux règles

simples de moralité et de noblesse de vie. Aucune d'elle ne peut briser le code moral et de justice établi naturellement par Dieu sur la société.

Ainsi, lorsqu'un prophète prétend que sous l'ordre de Dieu qu'il devrait lui-même oindre d'huile les parties intimes d'une autre personne et surtout de sexe opposé dans le but de lui attirer une certaine faveur divine, cela ne pourrait se faire car cet acte contredirait alors les règles de bon sens c'est-à-dire de moralité.

Comment un homme oindrait-il une femme (ou vice-versa) ses parties intimes alors qu'il n'est pas son époux légal ? Le code moral interdirait des tels actes avant même que la parole de Dieu n'intervienne.

Si alors cette révélation venait réellement de Dieu, le messager devrait veiller à ce que les règles de moral et de bienséance soient respectées.

Pour se faire, il devra associer une personne habilitée comme le(a) conjoint(e) de l'intéressé(e) ou un membre de famille qui pourrait se charger de le faire en privé si l'intéressé ne sait pas le faire lui-même. Après cela, le messager pourrait faire la prière.

Il est vrai que Dieu peut nous parler par n'importe qui mais nous devons faire attention avec le type de vase qui nous amène l'eau que nous sommes censés boire.

La vie de la personne qui nous amène le « Ainsi-dit-l'Eternel » compte aussi dans la manière de discerner le message. Je ne parle pas ici de son apparence qui peut être trompeuse mais plutôt de sa moralité.

La personnalité d'une personne peut influencer son message. C'est pourquoi il faut déceler ses traits de caractère qui nous permettrons d'équilibrer ce qui est dit.

Une personne orgueilleuse et prétentieuse va, de manière quasi naturelle, amplifier le message alors qu'une personne timide et réservée aura tendance à diminuer l'amplitude de certains éléments à cause de sa prétendue humilité.

La sagesse et la clairvoyance pourraient nous aider à comprendre si les détails donnés sont exagérés ou sont le fruit du complexe ou même au mensonge.

La lucidité permettra de comprendre que le messager avait peut-être beaucoup à dire mais qu'il s'est réservé de le faire par peur de ceci ou de cela comme ce fut le cas de Samuel devant son maitre.

Comprenant cela, Eli fit pression sur lui pour qu'il libère le message de Dieu tout en le rassurant que rien de mal n'allait lui arriver quelle que soit la teneur du message qu'il portait :

« Samuel craignait de raconter la vision à Eli. Et Eli dit : Quelle est la parole que t'a adressée l'Eternel? Ne me cache rien. Que Dieu te traite dans toute sa rigueur, si tu me caches quelque chose de tout ce qu'il t'a dit! » 1 Samuel 3 :15-17

Il y va de notre responsabilité de savoir déceler les éléments non essentiels contenus dans le message qui nous est transmis, et qui sont de nature à transformer inutilement la parole venue de Dieu.

La parole de Dieu

« Ta parole est une lampe à mes pieds, et une lumière sur mon sentier. » Psaumes 119 : 105

La Parole de Dieu est un instrument essentiel nous permettant de réfuter ou d'accepter une prophétie. Elle est l'unité de mesure avec laquelle nous devons nous mesurer et tout mesurer. Aucune révélation n'est et ne sera plus forte que les Ecritures, inspirées par Dieu pour enseigner, convaincre, corriger et instruire (2 Timothée 3 : 16).

La Parole de Dieu a été scellée au point qu'aucune personne n'a le pouvoir de la changer, la diluer ou l'amplifier outre mesure pour son avantage personnelle ou pour juger les autres.

Toute prophétie qui ne concorde pas avec les prescrits de la Bible, les principes clairement établis par Dieu dans sa parole doit être rejetée sans aucune forme de procès.

« Je le déclare à quiconque entend les paroles de la prophétie de ce livre : Si quelqu'un y ajoute quelque chose, Dieu le frappera des fléaux décrits dans ce livre; et si quelqu'un retranche quelque chose des paroles du livre de cette prophétie, Dieu retranchera sa part de l'arbre de la vie et de la ville sainte, décrits dans ce livre. » Apocalypse 22 : 18-19

Rappelons-nous toujours, quelle que soit l'aura d'un homme, aucunes révélations venant de lui ne sauraient être plus fortes et plus puissantes que les Ecritures.

Nous avons déjà entendu des histoires selon lesquelles des prophètes promettent la délivrance par le biais d'actes d'ordre intime.

Ces méthodes ne peuvent pas venir de Dieu qui est saint et qui ne tolère aucune forme d'impudicité et d'immoralité sexuelle. Ce message serait en totale contradiction avec notamment le passage qui dit clairement que les impudiques n'hériteront pas le royaume de Dieu (1 Corinthiens 6 : 9-10).

Devant de telles situations où une prophétie contredit, et s'oppose à la pensée de Dieu, aucun effort ne doit être fourni pour connaître la volonté de Dieu car elle est bien connue.

La Parole de Dieu reste cette lampe qui nous permet d'établir avec clarté et certitude les limites à ne pas dépasser. Tout message de Dieu contient sa nature et son parfum et demeure conforme à sa Parole, sa volonté révélée aux hommes.

Le don de discernement

Le don de discernement des esprits est donné à certaines personnes par le Saint-Esprit afin de les rendre capable de discerner le spirituel, de comprendre les choses cachées et de résoudre les énigmes.

« ...à un autre, le discernement des esprits. » 1 Corinthiens 12 : 10

Cette capacité surnaturelle permet de voir les motivations cachées dans les cœurs des gens. Derrière des actions bonnes et louables, des sourires et des gentillesses peuvent se cacher la haine et le mépris.

Pierre, grâce à ce don, avait décelé que la générosité publique d'Ananias et Saphira était une grosse escroquerie. Tout ce qu'ils voulaient était de s'attirer la sympathie et les honneurs des apôtres et du peuple.

« Pierre lui dit : Ananias, pourquoi Satan a-t-il rempli ton cœur, au point que tu mentes au Saint-Esprit, et que tu aies retenu une partie du prix du champ? » Actes 5 : 3

Nous avons dans nos églises beaucoup d'Ananias et des Saphira qui servent avec duplicité de cœur mais sont acclamés à cause du manque de discernement spirituel. Et certains supporters que nous avons dans nos ministères ne le sont pas en réalité.

Derrière leur éloge et leur parole d'encouragement se cachent non l'esprit de Dieu mais des démons qui ont pour but de nous séduire ainsi que le peuple que Dieu a placé sous notre leadership.

« ...une servante qui avait un esprit de Python, et

qui, en devinant, procurait un grand profit à ses maîtres, vint au-devant de nous, et se mit à nous suivre, Paul et nous. » Actes 16 : 16-17

Plusieurs avec des parlers en langues des démons envoûtent les gens, alors que l'on croit être venu du Saint-Esprit parce que nous n'avons pas la capacité de discerner l'identité spirituelle des uns et autres.

Lors d'un service de prière, alors je circulais dans les allées, j'ai vu un frère qui priait en langues de manière très concentrée et très forte. Mais dans mon esprit, j'avais ressenti un doute sur l'authenticité de ses langues.

Je me suis alors mis à chasser tout esprit impur dissimulé derrière ses langues. Plus il priait, plus j'augmentais l'autorité de ma prière jusqu'à ce qu'il tombe par terre brusquement.

Les soi-disant langues se sont arrêtées et les démons qui le possédaient ont commencé à l'agiter fortement au point de déranger les personnes assisses autour de lui. On avait dû l'isoler dans une salle annexe pour continuer la prière de délivrance.

Nous devons rechercher que le Saint Esprit nous donne à discerner et à sonder les choses en dépit de leur apparence. C'est avec raison que la Bible dit dans 1 Jean 4 : 1 :

« N'ajoutez pas foi à tout esprit, mais éprouvez les esprits pour savoir s'ils sont de Dieu »

Le temps qui passe

Dieu nous donne par moment des visions mais nous cache toute compréhension jusqu'à ce que le temps marqué vienne et que l'événement attaché à cette vision illumine notre intelligence.

« Pierre …tomba en extase …et une voix lui dit : Lève-toi, Pierre, tue et mange. Mais Pierre dit : Non, Seigneur, car je n'ai jamais rien mangé de souillé ni d'impur. Et pour la seconde fois la voix se fit encore entendre à lui : ce que Dieu a déclaré pur, ne le regarde pas comme souillé. Cela arriva jusqu'à trois fois… » Actes 10 : 9-16

Pierre fut troublé par cette vision qui contredisait toute sa culture et son éducation. Au moment où il reçoit le message, aucune méthode de discernement ne lui avait permis de comprendre le sens de sa vision.

Mais, il lui a fallu juste un peu de temps pour qu'il comprenne tout. Sa réflexion stérile fut interrompue par l'arrivée des envoyés de

Corneille qui frappèrent à sa porte. C'est alors que le Saint-Esprit ouvrit son esprit pour commencer à comprendre le sens réel de sa vision.

Mais tout devint clair à ses yeux lorsque le Saint-Esprit fut donné à Corneille et à sa maison. Pierre avait alors compris que les animaux impurs que Dieu lui demandait de tuer et de manger étaient les non-juifs qu'Il appelait aussi au salut par Christ.

« Tous les fidèles circoncis ...furent étonnés de ce que le don du Saint-Esprit était aussi répandu sur les païens. Car ils les entendaient parler en langues et glorifier Dieu. Alors Pierre dit : Peut-on refuser l'eau du baptême à ceux qui ont reçu le Saint-Esprit aussi bien que nous? » Actes 10 : 45-47

Il est un piège de vouloir tout comprendre, tout expliquer et tout interpréter dans l'immédiat. Si nous ne comprenons pas les choses en dépit de notre volonté, il nous faut prier pour que le Seigneur qui est l'auteur du message, nous en donne l'explication.

Un jour, un frère est venu me voir pour me raconter son rêve qui troubla sa vie pendant un long moment. Il était marié depuis plusieurs années mais dans la vision, il ne l'était pas et voulait épouser une jeune dame.

Dans sa conversation avec elle, il lui dit qu'il tenait vraiment à l'épouser mais qu'elle ne devait pas avoir connue d'hommes auparavant. Celle-ci répliqua qu'elle avait déjà eu un passé actif.

C'est alors qu'il lui retorqua : « Je t'aime beaucoup mais malheureusement je ne peux pas t'épouser ». Et la vision s'arrêta.

Ce frère avait perdu le sommeil car il ignorait ce que voulait dire exactement ce message. Il s'était refusé de la raconter à sa femme de peur qu'elle l'interprète mal.

Mais presque 5 mois plus tard, il reçoit un appel téléphonique un matin. Et son interlocuteur après un moment de discussion lui proposa d'intégrer son organisation et de devenir un membre de son staff.

Mais juste après que la conversation soit terminée, la vision lui est revenue comme un flash avec des sensations physiques étranges (une bouffée de chaleur et des tremblements). Et il s'est écrié : « O Seigneur ! ».

La vision qui le troublait pendant des mois, venait de s'accomplir sous ses yeux. Il a alors su avec exactitude qu'il ne devait pas accepter cette proposition quoiqu'étant alléchante.

C'est avec peine dans le cœur qu'il lui annonça des semaines après sa décision de ne pas accepter cette offre. Le message était pour lui afin de l'aider à prendre la bonne décision qui le garderait dans la direction de Dieu pour sa vie.

Nous devons apprendre à être patient dans la prière et attendre le discernement de Dieu qui viendra en son temps, au lieu de se lancer dans toute sorte d'interprétation qui risquerait de nous désorienter totalement.

Il y a des prophéties avec lesquelles il ne faut même pas se battre, le temps finit toujours par révéler sa nature réelle. Si Dieu a parlé, il l'accomplira dans tout le cas au temps marqué et le moment venu.

« Car c'est une prophétie dont le temps est déjà fixé, Elle marche vers son terme, et elle ne mentira pas; Si elle tarde, attends-la, Car elle s'accomplira, elle s'accomplira certainement. » Habacuc 2 : 3

Le conseil d'une personne mâture

Même après avoir appliqué les quelques règles présentées ci-haut, il est possible dans certains cas de demeurer incapable d'interpréter un songe, de discerner une prophétie et d'en comprendre la teneur.

C'est dans ce cas précis qu'il est souhaitable d'aller voir une personne que l'on connaît suffisamment mature et spirituelle, et qui peut nous venir en aide pour comprendre les choses de l'Esprit.

Parmi ces personnes, il y a celles qui peuvent nous aider à cause de l'expérience de vie qu'elles ont, d'autres pour l'expérience dans le ministère et enfin celles qui ont une grâce particulière dans ce domaine de dons de révélation.

« L'Eternel appela de nouveau Samuel, pour la troisième fois. Et Samuel se leva, alla vers Eli... **Eli comprit que c'était l'Eternel qui appelait l'enfant**, *et il dit à Samuel : ...si l'on t'appelle, tu diras : Parle, Eternel, car ton serviteur écoute...» 1 Samuel 3 : 8-9*

Samuel avait commencé à entendre la voix du Seigneur mais ne savait pas la discerner. Plus d'une fois, il alla auprès d'Eli pensant que c'est lui qui l'appelait.

Ce dernier quoiqu'ayant déjà les yeux troubles, était encore capable de mieux reconnaître la voix de Dieu plus que le jeune Samuel qui avait reçu le message. Sa maturité et son expérience firent la différence dans la perception du surnaturel.

Il n'y a pas de honte à considérer qu'un frère ou une sœur a plus d'aptitudes que nous dans un domaine et que nous pouvons recourir à lui, en cas de besoin.

Il n'y a pas de honte à aller consulter une personne que l'on sait capable de nous aider, une personne à qui Dieu a donné la capacité de voir dans le spirituel plus que nous.

Ces personnes qu'on appellera abusivement prophètes, sont pour certains des personnes avec des dons spirituels et une sensibilité spirituelle très aiguisés qu'ils ont développés avec le temps.

Ils opèrent dans la parole de connaissance, le don de vision, le discernement des esprits et la parole de sagesse, etc. qui leur permettent de voir les choses cachées à la connaissance de l'homme et de répondre à des questions les plus complexes.

« ...parce qu'on trouva ...chez Daniel... un esprit supérieur, de la science et de l'intelligence, la faculté d'interpréter les songes, d'expliquer les énigmes, et de résoudre les questions difficiles. » Daniel 5 : 12

Face à Daniel, même les plus grands magiciens et sorciers de son époque n'arrivaient pas à rivaliser le don prophétique qui était en lui. On lui reconnaissait cela non parce qu'il prétendait être de Dieu mais à cause de la puissance qui accompagnait ses actions prophétiques.

Parlant du prophète Zacharie, la Bible relate qu'il *« avait l'intelligence des visions de Dieu... »* 2 *Chroniques 26 : 5*. Ozias qui devint roi de Juda à 16 ans, doit la réussite de ses 52 ans de règne grâce aux dons de Zacharie qui était son conseiller.

Les personnes qui sont appelées par Dieu à exercer dans les dons de révélation doivent être conscientes de la nécessité de se faire encadrer pour que ce qu'elles ont reçu soit réellement une bénédiction pour le peuple de Dieu.

Les dons de révélation sont des couteaux à doubles tranchant qui, s'ils sont mal exercés peuvent conduire à des dégâts de tout genre voire à des pertes de vies humaines.

Si notre appel est réel, nous devons par conséquent en saisir la responsabilité afin que comme ce fut dans l'Ancien Testament avec les écoles des prophètes, nous soyons des serviteurs avant d'être des maîtres (2 Rois 3 : 11).

CONCLUSION

« *Après cela, je répandrai mon esprit sur toute chair; vos fils et vos filles prophétiseront, vos vieillards auront des songes, et vos jeunes gens des visions.* » Joel 2 : 28

Le temps dans lequel nous vivons est caractérisé par la manifestation puissante du Saint-Esprit dans toutes les générations avec à la clé la capacité de voir et de prophétiser.

L'église de Dieu doit, se basant sur cette parole du Seigneur, rechercher que les dons de révélations en général et celui de la prophétie en particulier soient effectifs en son sein car le prophétique est l'un des signes qui atteste de la présence de Dieu au milieu de son peuple.

Le diable connait la force de Dieu se trouvant dans le vrai prophétique et les dégâts qu'ils peuvent avoir sur son royaume parce qu'il permet de mettre à nu ses œuvres fausses (1 Corinthiens 14 : 24-25).

C'est la raison pour laquelle il tente de falsifier le vrai et présente les faux ainsi que leur abus dans le seul but de discréditer carrément les vrais prophètes de Dieu et créer la méfiance de l'église face à la visitation divine.

Tout en dénonçant les imposteurs qui agissent au nom de notre Seigneur, nous les vrais chrétiens et serviteurs de Jésus-Christ devons nous lever afin d'opérer avec puissance et sagesse pour démontrer que les vrais prophètes existent.

Autant les vrais de Dieu peuvent être une bénédiction pour nous, autant les faux peuvent apporter la mort. Il nous faut donc éviter toute forme de naïveté, car tout ce qui porte le nom de Dieu n'est pas forcement de Dieu.

C'est pourquoi en tant qu'épouse de Christ, nous devons tous travailler pour développer la sensibilité spirituelle seule moyen qui nous permettra de réduire le risque d'être séduit. Car on ne peut pas reconnaitre le faux tant qu'on est incapable de reconnaitre le vrai.

Enfin, nous devons nous rappeler que notre relation avec le Seigneur doit être avant tout basée sur la foi, la parole de Dieu et la prière.

LIVRES DU MEME AUTEUR

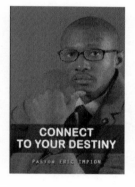

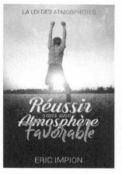

Made in the USA
Middletown, DE
26 March 2023

27528169R00071